Sabine Körber

Ravensburger Taschenbücher

D1721055

Band 271

Josef Carl Grund

Flakhelfer Briel

»und sie werden nicht mehr frei
ihr ganzes Leben«

Otto Maier Verlag Ravensburg

Erste Auflage in den Ravensburger Taschenbüchern
© 1972 by Josef Carl Grund, Nürnberg
Neuausgabe des erstmals beim
Sebaldus-Verlag Nürnberg unter demselben Titel erschienenen Buches

Umschlagentwurf vom Lemke-Pricken Team, Düsseldorf

Alle Rechte dieser Ausgabe vorbehalten durch
Otto Maier Verlag Ravensburg
Gesamtherstellung: J. Ebner, Ulm
Printed in Germany 1973
ISBN 3 473 39271 5

Diese Jugend, die lernt ja nichts anderes als deutsch denken, deutsch handeln, und wenn diese Knaben mit zehn Jahren in unsere Organisation hineinkommen und dort oft zum ersten Male überhaupt eine frische Luft bekommen und fühlen, dann kommen sie später vom Jungvolk in die Hitlerjugend, und dort behalten wir sie wieder vier Jahre, und dann geben wir sie erst recht nicht zurück, sondern nehmen sie sofort in die Partei, in die Arbeitsfront, in die SA oder in die SS, in das NSKK und so weiter. Und wenn sie dort zwei Jahre oder anderthalb Jahre sind und noch nicht ganze Nationalsozialisten geworden sein sollten, dann kommen sie in den Arbeitsdienst und werden dort sechs bis sieben Monate geschliffen, alles mit einem Symbol: dem deutschen Spaten. Und was dann nach sechs oder sieben Monaten an Klassenbewußtsein oder Standesdünkel da und dort noch vorhanden sein sollte, das übernimmt dann die Wehrmacht zur weiteren Behandlung auf zwei Jahre, und wenn sie dann nach zwei, drei oder vier Jahren zurückkehren, dann nehmen wir sie, damit sie auf keinen Fall rückfällig werden, sofort wieder in die SA, SS und so weiter, und sie werden nicht mehr frei ihr ganzes Leben.

Hitler 1938

1

Der dumpfe Knall läßt mich nur zusammenzucken, aber der Schrei dringt mir durch Mark und Bein.

Einen Augenblick stehe ich starr.

Wieder gellt mir der Schrei in die Ohren.

»Papa! – Papaaa!!«

Die Stimme überschlägt sich.

Jetzt schreie ich.

»Klaus!!«

Keine Antwort!

Da renne ich los, so schnell mich die Beine tragen. Angst sitzt mir im Nacken und peitscht mich vorwärts.

»Klaus! – Klaus!! – Engelbert!!!«

Dann höre ich Stöhnen und wildes Schluchzen. Je weiter ich laufe, desto deutlicher wird es.

Erst jetzt merke ich, daß ich den Wassereimer noch in der Hand halte. Ich schleudere ihn zur Seite und hetze weiter ins Gehölz. Das Stöhnen hat aufgehört, das Schluchzen bleibt. Es weist mir die Richtung.

Vor einer Stunde habe ich die beiden Jungen in meinen Fiat gesteckt und bin zum Kanal hinausgefahren. Sie hatten gebettelt, mitgenommen zu werden, und versprochen, mir beim Wagenwaschen zu helfen.

Ich reinige das Auto am liebsten selbst. Nicht, daß ich allzu sehr sparen müßte; als Facharbeiter in einem der größten Betriebe unserer Stadt verdiene ich gut. Es liegt daran, daß ich pedantisch bin, wenn es um den Fiat geht. In der Tankstelle säubern sie den Wagen nicht so, wie ich es möchte. Sie polieren das ›Gesicht‹ und lassen den Dreck in den ›Ohren‹. So nenne ich die Stellen, die nicht auf den ersten Blick ins Auge fallen: die Scharniere der Türen zum Beispiel oder die Armatur.

Vor meinem Haus oder in der Garage darf ich den Fiat nicht auf Hochglanz bringen, die polizeiliche Bestimmung ist dagegen. Das verstehe und respektiere ich. Abgesehen von dem Schaden, den es anrichten würde, ist öliges Schmutzwasser keine Visitenkarte für eine moderne Großstadt.

Deshalb fahre ich jeden Freitag nach Feierabend zum Kanal heraus. Seit Jahrzehnten trägt das Wasser keine Schiffe mehr.

Der Verbindungsweg von der Donau zum Main ist stillgelegt. Ich habe eine Stelle entdeckt, wo ich keinen Schaden anrichte. Eine Sandfläche, die etwa zwanzig Meter vom Kanal und gut dreißig Meter vom Rand des Kiefernwaldes entfernt liegt.

Hin und wieder finden sich andere ein, die dasselbe tun wie ich . . .

Klaus, mein Einziger, ist im Juni zehn Jahre alt geworden. Er begleitet mich gern, weil wir einander ausgezeichnet verstehen. Daß er mir beim Wagenwaschen helfen will, ist allerdings nur Vorwand. Er kommt mit, weil er gern Auto fährt. Er träumt davon, einmal Rennfahrer zu werden. Ich rede nicht dagegen. Welcher Junge in seinem Alter träumt nicht Ähnliches?

Im September ist Klaus in die erste Klasse des humanistischen Gymnasiums eingetreten. Gerade deshalb rede ich ihm nicht in seine kindlichen Zukunftspläne hinein. Humanistische Argumente sind stärker als väterliche Vorhaltungen, und neun Jahre sind eine lange Zeit.

Studienrat Walter Müller ist der Klassenleiter meines Jungen und mein Freund. Vor zwanzig Jahren habe ich mit ihm die gleiche Schulbank gedrückt. Daß er Akademiker geworden ist, während ich es nur zum Facharbeiter gebracht habe, hat unsere Freundschaft nicht beeinträchtigt.

Engelbert, sein Ältester, und Klaus sind dicke Freunde geworden. Engelbert ist elf und besucht die Parallelklasse. Da wir nur zwei Häuser auseinander wohnen, stecken die beiden in ihrer Freizeit fast ständig zusammen. Hin und wieder lernen sie auch gemeinsam – angeblich. Weitaus öfter hecken sie zusammen Dummheiten aus, und Walter und ich müssen uns in künstliche Donnerwetter hineinsteigern, um sie zur Vernunft zu bringen.

Klaus und Engelbert sind eben völlig gesunde und völlig normale Jungen. Das väterlich strenge »Ich zu meiner Zeit . . .« gehört ebenso normal dazu. Genauso wie das augenzwinkernde »Als Buben sind wir nicht anders gewesen«, wenn Walter und ich unter vier Augen sprechen . . .

Um ganz ehrlich zu sein: Wenn die langen Schulferien beginnen, beneide ich Walter Müller ein bißchen. Schließlich hätte ich es auch soweit bringen können wie er.

Ich, Gustav Adolf Briel, vierundvierzig Jahre alt, Facharbeiter an einer Präzisionsmaschine.

Der Krieg ist daran schuld. Dieser verdammte, unsinnige Krieg!

Doch weiter komme ich nie. Der ›moralische Kater‹ dauert nur Sekunden; dann denke ich an die anderen, die mit sechzehn Jahren unter die Erde mußten, schäme mich und bin dankbar. Ich bin davongekommen, habe eine nette Frau, einen gesunden Jungen, verdiene gut, besitze ein eigenes Häuschen und fahre einen Wagen.

In meinen Papieren steht etwas von einer Hirnverletzung, die ich in den letzten Tagen des zweiten Weltkriegs davongetragen habe; aber ich beziehe keine Rente. Das finde ich völlig in Ordnung, denn ich bin ja normal. Der winzige Splitter wurde damals entfernt, ohne daß sich Komplikationen einstellten.

Die Präzisionsmaschine, die ich bediene, ist nicht ›idiotensicher‹. Ihr Wert geht in die -zigtausende, und mit einem falschen Handgriff könnte ich eine Menge kaputtmachen. Doch der Koloß funktioniert wie der Mann, dem er gehorcht. Ich habe keinen Dachschaden . . .

Das Schluchzen bricht ab.

»Papa!« Das ist nur mehr ein Wimmern.

»Klaus!!«

Es knackt im Gehölz, dann stolpert eine Gestalt im Dämmerlicht auf mich zu.

»Klaus!«

Er fällt mir in die Arme. Seine linke Hand blutet.

»Wo ist Engelbert?« stoße ich hervor.

»In . . . in der Schonung, Papa; ich glaube, er ist . . .«

Klaus schlägt die Hände vors Gesicht, er zittert am ganzen Körper.

»Ich . . . wir haben . . . du hast doch gesagt, du machst es alleine, Papa, und . . . wir sollten spielen . . . wie immer. Da ist Engelbert mir nachgerannt, und ich . . . habe das Loch gesehen und bin drübergesprungen, und Engelbert ist hineingefallen, und da . . . da hat's auf einmal geknallt, und ich hab das da an der Hand abgekriegt, und Engelbert . . .«

Das stößt Klaus hervor, während ich ihn an der rechten Hand mitzerre. Mehr braucht er nicht zu sagen.

Wir sind da.

»Engelbert!«

Der Junge liegt reglos am Rand eines Erdlochs. Sein Gesicht

ist blutverschmiert, das rechte Augenlid zerrissen, vom Auge nichts zu erkennen. Die Hose ist zerfetzt, aus dem linken Bein rinnt es rot.

»Engelbert!«

Er rührt sich nicht.

»Ich habe ihn aus dem Loch herausgezogen«, stöhnt Klaus. »Da . . . da hat er noch gelebt.«

»Still, Klaus!« Ich lege das Ohr an Engelberts Brust.

»Er ist nicht tot«, sage ich aufatmend. »Das Herz schlägt.«

Klaus hat den ersten Schock überwunden. Er geht mir zur Hand, soweit er dazu imstande ist.

Den Verbandkasten habe ich natürlich im Auto liegenlassen! Wir verbinden Engelbert behelfsmäßig. Unsere Taschentücher müssen herhalten, und Engelberts Hemd geht in Fetzen. Da erschrecke ich von neuem. In der Herzgegend des Verletzten befindet sich eine kleine Wunde, die leicht blutet.

Hier ist ein weiterer Splitter eingedrungen.

Hoffentlich nicht in die Blutbahn!

Ich spüre Engelberts Atem nur, wenn ich meinen befeuchteten Finger auf seine Lippen lege.

Die Angst kommt wieder.

Ich will einen Lebenden ins Krankenhaus bringen!

Engelbert soll nicht nach achtundzwanzig Jahren den Preis für mein Leben und das seines Vaters entrichten müssen!

Der Junge darf nicht sterben! Nicht hier! Und nicht durch diese teuflische Bombe, in der der Tod achtundzwanzig Jahre lang geschlafen hat!

Neben dem Reglosen liegt ein größeres Stahlstück. Ein Rest des Sprengkörpers. Ich erkenne es auf den ersten Blick. So etwas vergißt man nicht, wenn man einmal ›Fachmann‹ gewesen ist.

Das Stück gehörte zu einer ›kleinen‹ Sprengbombe amerikanischen Fabrikats, die als Blindgänger unentdeckt gelegen hatte. Vermutlich war Engelbert auf einen Stein gesprungen, als er in das Loch kollerte, und die Erschütterung hatte die Explosion ausgelöst.

Ich kenne auch die Gegend.

Ganz in der Nähe lag unsere Flakstellung!

Damals. Vor achtundzwanzig Jahren . . .

»Ich habe mich selbst verbunden, Papa«, sagt Klaus unvermittelt. »Es ist nicht schlimm.«

Ich schrecke auf.

»Jaja, natürlich, mein Junge, hast dich brav gehalten!«

Wir laufen zurück. Ich trage Engelbert auf den Armen und versuche, ihm Erschütterungen zu ersparen.

Als ich ihn auf den Rücksitz des Wagens lege, spüre ich seinen Atem nicht mehr, aber ich fühle noch immer seinen Herzschlag. Unregelmäßig, scheint es mir.

Während der Fahrt hält Klaus den Verletzten auf seinem Schoß.

Ich starre auf die Fahrbahn und kann mich nicht gegen die Gedanken und Vorstellungen wehren, die mich überfallen.

Wenn ich die Jungen doch zu Hause gelassen hätte!

Wenn ich sie wenigstens zum Wagenwaschen angehalten hätte!

Wenn und hätte!

Wie werden es Engelberts Eltern aufnehmen?

Wird morgen eine Notiz in der Zeitung stehen, die mich mein Leben lang nicht zur Ruhe kommen läßt?

›Am Freitag ereignete sich in einem Waldstück am Kanal ein folgenschwerer Unfall. Durch Fundmunition wurden spielende Kinder . . .‹

Nein, nicht weiter!

Wir erreichen die Stadt, ich muß meine volle Aufmerksamkeit auf den Verkehr konzentrieren. Die Abenddämmerung hat so weit zugenommen, daß die Kraftwagen mit Licht fahren müssen. Wenn ich in den Rückspiegel blicke, sehe ich meinen Jungen. Er streicht dem Kameraden übers Haar. Er klagt nicht mehr, seine Augen sind trocken. Er hält sich tapfer.

Ich atme auf, als ich das Krankenhaus erreiche, und ein Stein fällt mir vom Herzen, als man mir sagt, daß Oberarzt Dr. Thumser Dienst tue.

Otto Thumser war vor achtundzwanzig Jahren mein Klassenkamerad wie Walter Müller und stand nachher mit uns am selben Geschütz. Wir tragen Engelbert ins Haus, und Thumser ist da. Er hinkt leicht, sein rechter Fuß ist eine Prothese.

Ich rede nicht lange, der Zustand des Jungen spricht für sich. Thumser gibt die nötigen Anweisungen. Er will sofort operieren. Sie bringen Engelbert weg.

Eine Schwester verbindet Klaus sachgemäß und gibt ihm eine Tetanusspritze. Er braucht nicht im Krankenhaus zu bleiben, er hat Glück gehabt.

Von der Anmeldung aus rufe ich Engelberts Eltern an.

Sie kommen nach knapp fünfzehn Minuten.

Ihren Jungen können sie jetzt nicht sehen, und so hören sie mir zu. Trotz ihrer Angst machen sie mir keinen Vorwurf.

»Du kannst nichts dafür, Gabriel«, sagt Walter Müller. Seine Stimme zittert.

›Gabriel‹ sagt er, nicht Gustav.

Gabriel war mein Spitzname – damals. Walter Müller hatte ihn erfunden. Er entdeckte, daß die Anfangsbuchstaben meiner Vornamen – Gustav Adolf – mit dem Familiennamen Briel zusammengezogen, ›Gabriel‹ ergeben . . .

Daß er mich jetzt so anspricht, beweist mir, daß er mir wirklich keine Schuld gibt.

Wir warten . . .

Eine endlos lange Zeit vergeht, bis Thumser zurückkommt. Walter und seine Frau eilen auf ihn zu. Er winkt ab.

»Die Operation ist gut verlaufen«, erklärt er müde, »morgen früh werden wir mehr wissen. Geht nach Hause, ich rufe euch an, wenn etwas Besonderes los sein sollte.«

»Darf ich ihn sehen?« bittet Engelberts Mutter. »Nur einen Augenblick!«

Thumser schüttelt den Kopf. »Sei vernünftig, Henriette! Reg dich nicht auf! Ich werde immer wieder nach ihm sehen, das verspreche ich dir!«

Er drängt uns mit sanfter Gewalt hinaus.

Unter der Tür gelingt es mir, ihn unter vier Augen zu sprechen.

»Wie sieht es wirklich aus, Otto?«

»Das Auge!« murmelt Thumser. »Ob ich es ihm erhalten kann, weiß ich frühestens morgen vormittag. Gute Nacht, Gustav!«

Er eilt ins Haus zurück, sein weißer Mantel weht um die Ecke. Müllers sind mit der Straßenbahn gekommen, ich nehme sie in meinem Wagen mit zurück.

Klaus verhält sich ruhig. Er antwortet nur knapp, wenn er gefragt wird. Ich ahne, wie ihm ums Herz ist.

»Ich werde kein Auge zumachen«, sage ich zu Müllers, als wir uns vor ihrem Haus verabschieden.

Walter Müller reicht mir die Hand. »Schon gut, Gabriel, es wird schon gutgehen. Thumser versteht sein Fach.«

Marianne, meine Frau, reagiert auf ihre ganz persönliche Art.

Sie hört mich an, dann sagt sie: »Ihr könnt nichts dafür, und jetzt wollen wir für ihn beten!«

Sie entstammt einer strenggläubigen Familie und hat ein grenzenloses Vertrauen zur Kraft des Gebets.

Fast beneide ich sie darum.

Ich hoffe auf Thumsers Geschick und Engelberts Zähigkeit.

Ans Abendessen denkt keiner von uns.

Marianne nimmt Klaus bei der Hand und geht mit ihm in sein Schlafzimmer.

Ich ziehe mich in meinen ›Arbeitsraum‹ zurück. Das kleine Zimmer enthält nur einen Ofen, einen Schreibtisch mit Stuhl, ein rundes Tischchen, zwei Polstersessel und einen Bücherschrank. Hier halte ich mich auf, wenn ich allein sein will. Der Raum schafft mir die Illusion, Walter Müller und Otto Thumser ›ebenbürtig‹ zu sein. In meinem Bücherschrank stehen römische und griechische Klassiker neben Autoren der Weltliteratur. Hin und wieder versuche ich, ein paar Sätze aus dem Ovid zusammenzustoppeln.

Heute interessiere ich mich nicht für Gedrucktes.

Ich setze mich an den Schreibtisch. Das Telefon steht darauf. Ich warte auf Thumsers Anruf ...

Mein Blick streift den Wandkalender.

6. Oktober 1972.

Wie Schuppen fällt es mir von den Augen.

Anfang Oktober 1944 – vor achtundzwanzig Jahren – wurde ich ein ›Mann‹.

Ich, Gustav Adolf Briel, sechzehn Jahre alt, Schüler des humanistischen Gymnasiums.

Klassenbester in Mathematik, mittelmäßig in Latein, gefährdet in Griechisch ...

Ich schüttle die Gedanken nicht ab. Sie befreien mich von der Angst, die ich um Engelbert empfinde. Die Bombe, die achtundzwanzig Jahre zu spät detonierte, führt mich ebenso zurück wie das Bild der Kiefernschonung, auf der einst unsere Geschütze standen. Der zweite Oktober – die Bombe – der Wald – Walter Müller – Otto Thumser – ich ...

Zufall?

Ein billiges, nichtssagendes Wort!

Schicksal?

Um keinen Deut besser!

Fügung?

Nein! – Welch einen Sinn sollte es haben, den Sohn dafür zu bestrafen, daß der Vater vor achtundzwanzig Jahren mit dem Leben davongekommen ist?

Das Telefon schweigt. Ich sehe auf die Uhr. Noch ist keine Stunde vergangen, seit wir das Krankenhaus verlassen haben. Ich muß mich in Geduld fassen. Thumser ist ein geschickter Arzt, aber kein Wundertäter.

Und ich habe Zeit. Morgen muß ich nicht in den Betrieb. Schon seit langem haben wir die Fünftagewoche.

Ich knipse das Licht aus und warte.

Aus dem Schlafzimmer meines Jungen dringt leises Murmeln. Marianne und Klaus!

Ich halte mir die Ohren zu, schließe die Augen und sehe alles deutlich vor mir. Achtundzwanzig Jahre sind ausgelöscht, als hätte es sie nie gegeben.

Ich bin der Flakhelfer Briel.

Mit sechzehn Jahren zu jung, um das Zeugnis der Reife zu erhalten, doch erwachsen genug, um das Tausendjährige Reich verteidigen zu helfen.

Unter Einsatz des Lebens!

Ich bin Soldat . . .

2.

Es war einmal, aber es ist kein Märchen.

Es war harte, blutige Wirklichkeit!

Damals. Vor achtundzwanzig Jahren . . .

Gestern war Sonntag, der 1. Oktober 1944. Papa, Mama und ich geizten mit jeder Minute, die uns noch blieb. Papas Genesungsurlaub ging zu Ende. Um dreizehn Uhr zwölf würde sich der Zug mit dem Oberleutnant Hermann Briel in Bewegung setzen. Richtung Osten.

Bis dahin zählte jeder Augenblick doppelt und dreifach.

Papas Verwundung war leidlich ausgeheilt, und an der Front brauchten sie jetzt jeden Mann.

Drei Stunden gehörte Papa noch uns; Mama und mir.

Mir besonders.

Gestern hatte ich den Einberufungsbefehl erhalten. Morgen würde ich kein Schüler mehr sein, sondern der Flakhelfer Briel. Soldat wie Papa!

Auch in der Heimat brauchten sie jetzt Männer. Immer häufiger bombardierten anglo-amerikanische Flugzeuge deutsche Städte. Das Wort ›Hinterland‹ bedeutete längst nicht mehr soviel wie Sicherheit.

Auch unsere Stadt war nicht verschont geblieben, doch hatten die Luftangriffe in der Hauptsache den Bahnhöfen und Industriebetrieben gegolten. Es war schlimm für diejenigen, die in der Nähe solcher Zentren wohnten.

Seit Sommer 1944 hatten wir den totalen Krieg, von Goebbels proklamiert und von denen, die in Berlin Zeugen dieser Rede geworden waren, mit brausenden Sieg-Heil-Rufen begrüßt.

Auch ich war dafür. Die Engländer und Amerikaner sollten uns kennenlernen!

Seit Wochen flogen unsere V 1 nach London und vergalten die Terrorangriffe der Briten auf unsere Städte.

Der Stadtteil, in dem unser Haus stand, war bisher verschont geblieben. Ich kannte das tiefe Dröhnen der feindlichen Viermotbomber, das trockene Ballern der Flak und das Heulen und Krepieren der Bomben nur vom Luftschutzkeller her. Aber ich wußte um das Grauen, das sie zurückließen. Nach jedem Angriff hatte ich mitgeholfen, die Trümmer zu beseitigen und Opfer zu bergen.

Hinterher empfand ich jedesmal eine unbändige Wut und brannte darauf, zurückschlagen zu dürfen.

Jetzt war es soweit!

Vor vier Tagen war unsere Schule geschlossen worden. Die Schüler und Schülerinnen der beiden oberen Klassen standen seit Monaten im Einsatz: als Flakhelfer, in Munitionsbetrieben, als Aushilfen in öffentlichen Verkehrsmitteln, in Lazaretten und – soweit es sich um Abiturienten handelte – auch als Soldaten an der Front.

Die ›Kleinen‹ waren vor vier Tagen aufs Land gebracht worden. Dort lebten sie sicherer als in der Stadt. Die Kinderlandverschickung funktionierte. Mit den einzelnen Klassen waren die Klassenleiter gegangen und je ein Fachlehrer. Auf dem Land lief der Schulbetrieb weiter.

Wir Jungen von der Sechsten waren geblieben. Uns brauchten sie bei der Flak . . .

Ich war stolz, ein Mann sein zu dürfen, begeistert als echter Hitlerjunge, der beweisen durfte, daß er flink wie ein Windhund, zäh wie Leder und hart wie Kruppstahl war, neugierig

14

auf das Soldatenleben und fest entschlossen, mich zu bewähren. Wenn der Endsieg kam, wollte ich bei der großen Parade dabeisein.

Nicht als Zuschauer, der den Siegern zujubelte, sondern als siegreicher Kämpfer, dem der Jubel galt. Vielleicht würde ich sogar einen Orden tragen: das EK II oder zumindest das Kriegsverdienstkreuz.

»Ich werde dir keine Schande machen, Papa!« versprach ich.

»Es wäre nicht deine Schande, mein Junge, wenn du versagtest«, erwiderte er.

»Keiner von uns wird versagen!« begehrte ich auf. »In der HJ haben wir die beste vormilitärische Ausbildung bekommen! Wir sind am Karabiner 98 k geschult, können mit der Pistole umgehen und wissen, wie man sich im Gelände verhält! Wir halten 'ne ganze Menge aus, das darfst du mir glauben!«

»Na schön«, sagte Papa, »dann wollen wir die Lage anpeilen.« Er schlug meinen Atlas auf und markierte auf der Europakarte den Frontverlauf mit Stecknadeln.

Starke Feindkräfte waren in Holland eingedrungen und bedrohten das Reich in der Nordwestflanke. Im Westen stießen überlegene amerikanische Panzereinheiten in die Vogesen vor. An der Kanalküste vor Dünkirchen stand unsere Artillerie in schweren Abwehrkämpfen. Die Frontlinie im Süden lief von den Westalpen über Mittelitalien bis zum Donaubogen beiderseits des Eisernen Tores auf dem Balkan. Im Osten rannten sowjetische Truppen gegen die Pässe der Ostbeskiden und gegen die Bucht von Riga. Warschau brannte. In Finnland verteidigten sich deutsche Einheiten zäh gegen einen überlegenen Gegner.

Feindliche Bomber- und Jagdverbände hatten im linksrheinischen Reichsgebiet gewütet und rechts des Rheins Karlsruhe angegriffen.

So die Lage, die Papa nach dem letzten Wehrmachtbericht auf der Europakarte absteckte.

»Der Ring wird von Tag zu Tag enger«, murmelte er.

»Und die Opfer werden immer zahlreicher«, sagte Mama.

»Auf beiden Seiten!« trotzte ich. »Zum Schluß werden die anderen draufzahlen!«

Papa sah zum Fenster hinaus. »Die anderen haben es noch lange nicht nötig, auf Grünschnäbel zurückzugreifen!« Das war stark! Ich wollte heftig erwidern, da kam mir die Erleuchtung: Mensch, Gustav, begreifst du denn nicht? Papa will dich auf die Probe stellen! Nimm dich zusammen!

Daß ich nicht sofort daraufgekommen war!

Papa war Parteimitglied und trug das Eiserne Kreuz Zweiter und Erster Klasse!

Ich lächelte.

»Wenn der Führer uns für würdig hält, das Reich verteidigen zu helfen, sind wir keine Grünschnäbel mehr, Papa! Der Führer tut immer das Rechte!«

Ich meinte es ernst, ich hatte es nie anders gehört. Die Lehrer in der Schule sagten es, die Führer in der HJ, die Männer der Partei und eine ganze Menge Spruchbänder.

Der Führer hat immer recht!

Papa blieb hartnäckig. »An der Front sieht manches anders aus als im Schulungsabend, mein Junge!«

Nur zu! dachte ich. Du legst mich nicht rein!

»Kein feindlicher Soldat wird den Fuß auf deutschen Boden setzen, es sei denn als Gefangener!« rief ich. Auch das hätte ich in einem Schulungsabend der HJ gehört. »Und wenn der Führer erst den Befehl gibt, die Wunderwaffe einzusetzen . . .«

Papa unterbrach.

»Die V 1 und V 2 fliegen seit Wochen gegen London!«

»Sie sind nur ein Vorgeschmack, Papa!«

»Und wie wird deiner Meinung nach die Wunderwaffe aussehen, Gustav?«

Selbst mit dieser Frage führte er mich nicht aufs Glatteis. In der Schule und in der HJ hatten wir oft darüber debattiert. Auch Erwachsene hofften auf den Einsatz der Wunderwaffe, der die Wendung bringen mußte. Im Handumdrehen, wenn der Feind sich dem Sieg schon nahe wähnte. Genaues wußte freilich niemand, doch auch aus Vermutungen konnte man sich ein Bild machen.

»Vielleicht sind es Todesstrahlen, die jedes feindliche Flugzeug zum Absturz bringen, sobald es sich den Reichsgrenzen nähert, Papa!«

»Zu schön, um wahr zu sein«, sagte Mama bitter.

Sie stieß in dasselbe Horn wie Papa! Allmählich wurde es mir zu bunt. Sie sollten es nicht zu weit treiben!

»Oder eine Riesenbombe, die eine Großstadt mit einem einzigen Schlag ausradiert! Die hinterher einen Feuersturm entfacht, den wir uns jetzt noch gar nicht vorstellen können! Oder . . .«

Ich stockte, als weder Papa noch Mama mir zunickten.

»Jedenfalls wird es etwas Schreckliches sein, das den Feind in die Knie zwingt!«

Mama und Papa wechselten einen raschen Blick, und Papa strich mir über den Kopf.

»Schon gut, mein Junge, lassen wir's! Paß auf dich auf und schäm dich nicht, wenn dich die Angst schüttelt. Angst haben ist nicht dasselbe wie feige sein. Ich selbst hatte schreckliche Angst vor dem Angriff, der mir dann das EK I einbrachte. Wehr dich deiner Haut, so gut du kannst, aber verlier den Kopf nicht, wenn du eines Tages erkennst, daß manches anders ist, als du es dir jetzt vorstellst!«

»Ich verstehe dich nicht, Papa!«

»Das macht nichts, Gustav. Halt Augen und Ohren offen und platz nicht sofort dazwischen, wenn ein anderer etwas behauptet, das dir gegen den Strich geht. Manch einer, der unsere Meinung nicht teilt, kann ein prächtiger Mensch sein.«

»Und mancher, der bei jeder Gelegenheit ›Sieg-Heil‹ brüllt, ein Schuft!« setzte Mama hinzu.

»Schluß damit!« entschied Papa. »Sprechen wir von etwas anderem!«

Wir redeten über Belangloses, aber ich war nicht recht bei der Sache. Papa und Mama waren anders gewesen als sonst, und wenn ich mir's recht überlegte, hatten sie mich vielleicht doch nicht nur prüfen wollen! – Waren die letzten Sätze nicht eine Warnung gewesen? – Eine Warnung wovor? – Hatten sie am Ende Angst gehabt, allzu deutlich zu werden?

Mama bat zum Essen.

Sie hatte ein Schlemmermahl zubereitet. Weiß der Kuckuck, wie sie an die leckeren Sachen gekommen war! Auf unsere Lebensmittelmarken hatte sie die Mangelware nicht erhalten . . .

Dann stolperten wir zum Bahnhof. Eine Serie von Sprengbomben hatte ihn angekratzt, doch die Gleise waren wieder in Ordnung gebracht worden.

Papa umarmte Mama, dann mich.

»Bring das Ritterkreuz mit, wenn du wiederkommst!« sagte ich gewollt forsch.

»Komm vor allem wieder, Hermann!« bat Mama. Sie hatte rotgeränderte Augen.

Papa nickte und verschwand im Gewühl.

»Wenn Papa zurückkommt, ist er bestimmt Hauptmann«, sagte ich zu Mama. »Oder glaubst du, daß er es zum Major bringt?«

Was hatte Mama denn bloß?

»Halt den Schnabel!« fuhr sie mich an. Dann drängte sie so rasch durch die Menge, daß ich Mühe hatte, ihr zu folgen ...

3.

2. Oktober 1944.

Um halb acht verabschiedete ich mich von Mama, Punkt acht standen wir in Reih und Glied auf dem Schulhof; drei Reihen zu je vier Mann hintereinander. Die meisten trugen HJ-Uniformen.

Wir waren fünfzehn Jungen und siebzehn Mädchen in unserer Klasse. Jetzt standen wir zu zwölft.

Der lange Bayer am rechten Flügel.

Franz Bayer: einsneunzig groß, spindeldürr, bester Reckturner des Gymnasiums, schnodderig bis in die Knochen. Was den erschüttern konnte, mußte erst erfunden werden. Bayer war Fatalist. »Wenn's dich erwischen soll, erwischt es dich, ob du dich verkriechst oder nicht«, war eine seiner Redensarten, die er in letzter Zeit häufig gebrauchte. Er hatte schon ein Mädchen, und manche von uns bewunderten ihn deswegen. Mir imponierte seine Ruhe mehr als seine Weibergeschichten.

Neben dem Langen stand Helmut Schröder.

Typischer Streber, ich mochte ihn nicht. Er prahlte zu sehr mit Verdiensten, die nicht auf seinem Mist gewachsen waren. »Mein Vater ist Oberstleutnant!« Oder: »Mein Bruder hat das EK I gekriegt!« Oder: »Meine Mutter war Opernsängerin, sie kennt den Führer persönlich!«

Wer bin ich, und was seid ihr? Das war aus allem herauszuhören. Gerade Schröders wegen wünschte ich, daß Papa das Ritterkreuz bekommen möge. Dem hätte der mickrige Kerl dann nichts entgegenzusetzen. Das Ritterkreuz eines Oberleutnants oder Hauptmanns wog einen Oberstleutnant und eine Opernsängerin zehnmal auf!

Willi Braun.

Wir nannten ihn ›Barbarossa‹ weil er rote Haare hatte und

sich schon rasieren mußte. Prima Kamerad! War überall dabei, wo es eine Dummheit auszuhecken galt. Wegen eines Schlüssels wäre er beinahe von der Schule geflogen. Den Schlüssel hatte unser Lateiner außen am Lehrerklosett steckenlassen, und Barbarossa hatte ihn umgedreht. Der Lateiner tobte fast eine Viertelstunde lang, aber nicht lateinisch, sondern im kräftigsten Deutsch. Dann befreite ihn der Biologe. Wer Barbarossa verraten hatte, erfuhren wir nie, und wenn sich nicht der Bannführer für ihn eingesetzt hätte, wäre er gefeuert worden.

Alfred Schmidt.

Unser Primus, aber nur in der Schule! Seine einzige schlechte Note hatte er im Turnen, und so sah er auch aus. Ich bemitleidete ihn ein wenig. Bei den Soldaten würde er es schwer haben. Seine Schultern hingen etwas nach vorn, und wenn ›Stillgestanden‹ kommandiert wurde, baute er ein Fragezeichen statt ein Männchen. Außerdem war er ängstlich. Beim ersten Fliegerangriff auf unsere Stadt war er im Luftschutzkeller verschüttet und erst nach fünf Stunden herausgeholt worden. Das wurde er nicht los. Als Kamerad war er in Ordnung. Ich verdankte ihm manche erträgliche Note auf lateinischen Schulaufgaben. Nicht daß er mir Nachhilfestunden gegeben hätte; er hatte mir Spickzettel zugesteckt.

Karl Korner.

Wir nannten ihn den ›Bullen‹. Er hatte die Schulhausmeisterschaft im Boxen gegen ein ›Schwergewicht‹ aus der Achten gewonnen und wollte auch sonst immer mit dem Kopf durch die Wand. Wenn es galt, jemand zu überzeugen, half er lieber mit den Fäusten nach als mit Argumenten. In Griechisch stand er allerdings selbst vor dem K. o. Er konnte Unmengen futtern, und wer ihm in dieser knappen Zeit etwas zu essen zusteckte, war sein Freund. Korner freute sich in erster Linie auf das Soldatenleben, weil man ›dort nachfassen könne‹. Das wußte er von einem Landser.

Gustav Adolf Briel.

Das war ich. Die Kameraden nannten mich Gabriel. Freilich: »Von einem Engel bist du so weit weg wie eine Spitzmaus von einem Reitpferd«, behauptete der lange Bayer.

Josef Schneider.

Wir sagten ›Das tapfere Schneiderlein‹, wenn wir von ihm redeten. Doch das war kein Spott, es steckte ein Gutteil Hoch-

achtung darin. Josef Schneider trug das Kriegsverdienstkreuz
an der HJ-Uniform! Der Kreisleiter hatte es ihm überreicht,
als Schneider nach dem zweiten Luftangriff einen dreijähri-
gen Jungen aus einem brennenden Haus geholt hatte. Keiner
von uns mißgönnte ihm diese Auszeichnung – Schröder vielleicht ausgenommen. Schneider machte nichts aus sich. Er blieb
bescheiden und ließ das Bändchen für sich reden.
Manfred Huber.
Er wollte Berufssoldat werden und es mindestens zum Gene-
ral bringen. »Männer mit Abitur kommen leichter in den Ge-
neralstab als andere«, behauptete er und büffelte, obwohl er
sich schwer damit tat. Im Karabinerschießen war er uns allen
über.
Otto Thumser.
Sein Vater stand als Stabsarzt im Feld, und der Junge träum-
te davon, einmal ein berühmter Chirurg zu werden. Thumser
war Einzelgänger. In seiner Freizeit spielte er Klavier. Er
liebte Bach und Beethoven. Wagner mochte er nicht. In den
Vordergrund drängte er sich nie, aber er war da, wenn man
ihn brauchte.
Walter Müller.
Er war mein Freund; vor allem deshalb, weil er so gut zuhö-
ren konnte. Und wenn er widersprach, dann tat er es in einer
so netten Art, daß man ihm nicht böse sein konnte. Außerdem
war Karin da, seine Schwester. Sie war fünfzehn, und ich bekam jedesmal Herzklopfen, wenn ich sie sah. Wir wechselten
hin und wieder einen Blick, wurden rot und guckten dann
schnell weg.
Fritz Hauschild.
Wir nannten ihn ›Bubi‹. Karl Korner hatte gehört, daß
Hauschilds Mutter ihn so gerufen hatte. Da stand der Spitzname fest. Bubi ärgerte sich mächtig und tobte wie ein Ver-
rückter. Er war der geborene Explodierer. Über jede Kleinig-
keit konnte er sich aufregen und losplatzen. Dann ging er
selbst Jungen an, die viel stärker waren als er. Die Dresche,
die er bezog, schien er nicht zu fühlen. Vermutlich wäre er imstande gewesen, mit bloßen Fäusten gegen einen Panzer zu
rennen. (Natürlich stammte diese Behauptung vom langen
Bayer, und ebenso selbstverständlich war Bubi auf den Spöt-
ter, der ihn um zwei Köpfe überragte, losgestürzt.)
Hartmut Gerngroß.

Er war ›der Kleine‹. Ich wurde nicht recht klug aus ihm. Er war in der HJ, tat seinen Dienst wie alle, doch wenn jemand auf ›die Pfaffen‹ oder die ›Saujuden‹ schimpfte, wandte er sich ab und ging. »Der Pimpf mit der empfindsamen Seele«, hatte Schröder gespottet, doch der lange Bayer war ihm übers Maul gefahren. Zwölf von fünfzehn. Drei fehlten, aber nicht aus Feigheit, oder weil sie sich drücken wollten.

Peter Rennert lag seit einigen Wochen im Lazarett. Während des letzten Luftangriffs hatte es seine Straße getroffen. Der Keller, in dem er Schutz gesucht hatte, war zur Hälfte eingestürzt, und ein Eisenträger quetschte Peter das rechte Bein ab. Es mußte amputiert werden.

Max Engelmann hatte sich eine schwere Lungenentzündung zugezogen, und Rainer Benkert taugte nicht zum Soldaten. Er kränkelte, seit wir ihn kannten . . .

Unsere Schule war bis jetzt glimpflich davongekommen. Nur im Hof gähnte ein Bombentrichter.

In diesem Hof waren wir angetreten; zwölf Schüler der sechsten Klasse des humanistischen Gymnasiums.

»Was meinst du, wie ich meine Lateinbücher in die Ecke gefeuert habe, Gabriel!« grinste der ›Bulle‹ neben mir.

Alfred Schmidt knuffte ihn in die Seite. »Halt den Mund, sie kommen!«

Der lange Bayer stach vor, nahm Front zu uns und schmetterte: »Abteilung – stillgestanden!«

Wir schlugen die Hacken zusammen und erstarrten.

»Zur Meldung an den Herrn Direktor: die Augen – links!« Elf Köpfe flogen herum.

Franz Bayer marschierte auf den Direktor zu, nahm Haltung an und meldete: »Zwölf Schüler der Sechsten angetreten!«

Wir nannten unseren Direktor ›Zeus‹, obwohl er mit dem griechischen Göttervater nichts gemein hatte. Er war der Oberste im Bildungskasten, deswegen. Unser Zeus glänzte mit einer spiegelnden Glatze, war spindeldürr und sprach mit hoher Fistelstimme. Mehr als seine Stellung flößte uns das Goldene Parteiabzeichen Respekt ein, das er am Rockaufschlag trug.

Hinter Zeus erschienen der Führer unseres HJ-Bannes und ein Leutnant der Flak-Artillerie.

Zeus hob die Hand zum Gruß. »Danke, Bayer, treten Sie ein!« Dann wandte er sich an uns.

»Heil, Kameraden!«

»Heil, Herr Direktor!«

»Rührt euch!«

Wir setzten den linken Fuß vor und ließen die Hände baumeln. Ich war mächtig stolz. ›Kameraden‹ hatte Zeus uns genannt! Das war eine Auszeichnung!

»Wie sich die Zeiten ändern!« brummelte Barbarossa im dritten Glied, daß nur wir es hören konnten. »Kameraden! Vor einigen Wochen hat er mich noch mit Pflaume tituliert.«

»Ruhe!« zischte Schröder.

»Kameraden!« rief Zeus und reckte sich auf. »In wenigen Stunden werdet ihr das Ehrenkleid des Soldaten tragen. Zeigt euch dessen und eurer Schule würdig. Vielleicht stehe ich zum letztenmal vor euch, und dies ist ein Abschied. Ich habe meine Uk.-Stellung aufheben lassen und mich an die Front gemeldet. Ich muß eine Rechnung begleichen. Euch allen viel Glück und – kommt gesund wieder! Dem Führer und Obersten Befehlshaber der Wehrmacht . . .«

Wir schlugen die Hacken zusammen und legten die Hände an.

». . . ein dreifaches Sieg –!« rief Zeus.

»Heil!« schmetterten wir zurück.

»Sieg –!«

»Heil!«

»Sieg –!«

»Heil!«

»Danke«, schloß Zeus, dann wandte er sich an den Bannführer. »Sie übernehmen wohl das Weitere!«

»Jawohl, Herr Direktor! Darf ich mir die Bemerkung erlauben, daß ich Sie bewundere?«

Zeus winkte ab. »Lassen wir das!«

Er reichte dem Bannführer die Hand, verabschiedete sich von dem Leutnant und ging. Keiner von uns rührte sich, das Gesicht des Bannführers war zu ernst. So hatten wir ihn noch nie gesehen. Sonst zog er jede menschliche Regung ins Lächerliche, aber zwischen Zeus und ihm mußte etwas bestehen, das selbst ihm naheging.

Die Tür, durch die Zeus verschwunden war, schwang zu.

»Der Herr Direktor erhielt vor vier Tagen die Nachricht, daß sein Sohn im Westen gefallen ist«, sagte der Bannführer hart. »Nun tritt er an seine Stelle. Nehmt euch ein Beispiel an solchen Lehrern, Kameraden! Achtet das eigene Leben gering, wenn es darauf ankommt! Ein deutscher Mann kennt keine Furcht. Ich wünsche euch Mut, deutsche Treue und Soldatenglück!«

Als Lehrer hatte ich Zeus nie besonders gemocht, aber jetzt bat ich ihm alles ab. Seine Haltung setzte den I-Punkt auf meine Begeisterung.

Das Kommando des Bannführers riß mich aus meinen Gedanken. »Abteilung – stillgestanden! Zur Meldung an Herrn Leutnant: Augen rechts!«

»Heil, Kameraden!«

»Heil, Herr Leutnant!«

»Rührt euch!«

Der Leutnant imponierte mir vom ersten Augenblick an. Ich schätzte ihn auf zweiundzwanzig oder dreiundzwanzig Jahre. An seiner rechten Brustseite glänzte das Deutsche Kreuz in Gold. Die Vorstufe zum Ritterkreuz!

»Ich heiße Vogt«, eröffnete er uns, »und bin jetzt euer Vorgesetzter. Ob wir gut miteinander auskommen werden, hängt in erster Linie von euch ab. Ich hoffe, ihr stellt euch nicht dümmer an als die Rekruten, die ich bisher ausgebildet habe. Im übrigen bin ich ein Feind langer Reden. Taten zählen mehr, meine Herren! Merkt euch vor allem eines: Das Höchste des Soldaten ist seine Ehre!« Er reichte dem Bannführer die Hand, dann winkte er uns zu. »Folgen! – Ohne Tritt – marsch!«

Es war ein ungewöhnliches Bild, wie wir den Schulhof verließen. Der Bannführer hielt uns das Tor auf, das aus dem Hof auf die Straße führte. Wir marschierten an ihm vorbei, und ich kam mir mächtig erhaben vor.

Am rechten Straßenrand parkte ein Lastwagen. Die Plane war hochgeschlagen, auf dem Dach des Führerhauses war ein Zwillings-MG montiert. Die Läufe zeigten nach oben.

Zwei ›uralte Obergefreite‹ bauten ihre Männchen, und einer meldete: »Keine besonderen Vorkommnisse, Herr Leutnant!«

»Aufsitzen!« befahl dieser.

Das galt den Oberschnäpsern und uns.

Der eine Obergefreite kletterte mit uns auf die Ladefläche, der andere und Leutnant Vogt stiegen ins Führerhaus.

Wir machten es uns bequem, so gut es ging, und ›unser‹ Oberschnäpser postierte sich ans MG. »So was von Grünzeug!« hörte ich ihn murmeln.

»Meinen Sie mit dem Grünzeug vielleicht uns?« fuhr Bubi auf. Der Obergefreite warf ihm einen abschätzenden Blick zu. »Dreimal darfst du raten, Kleiner!«

Bevor Bubi explodierte, ruckte der Wagen an. Wir wurden gehörig durcheinandergeschüttelt. Dann mußten wir uns erst recht festhalten. Die Straße ließ zu wünschen übrig, und der Fahrer drückte aufs Tempo.

»Der fährt wie 'ne gesengte Sau!« brummte der Bulle.

»Sieh einer an«, unkte der ›Uralte‹ am MG, »ist noch nicht trocken hinter den Ohren und redet wie ein Alter!«

Karl Korner grinste. Er nahm's als Anerkennung und fühlte sich.

»Wohin geht's denn?« fragte ich.

Der Obergefreite musterte mich von oben bis unten, dann knurrte er: »Will dir einen guten Rat geben, Bürschchen: Das Dümmste, was einer beim Militär tun kann, ist zuviel und zu dumm fragen! Halt die Augen offen, dann merkst du's selber!«

Ein unfreundlicher Zeitgenosse! Unsere Sympathien hatte er sich gründlichst verscherzt. Wir schnitten ihn.

Eines merkten wir natürlich: Es ging aus der Stadt hinaus.

Ich war dem langen Bayer dankbar, daß er ein Lied anstimmte.

»Heute wollen wir's probiern,
einen neuen Marsch marschiern...!«

Ich war derjenige, der den Refrain am lautesten mitsang.

»Oooo du schö – hö – höner We – he – hesterwald,
Eukalyptusbonbon!
Über deinen Höhen pfeift der Wind – ffft! – so kalt,
jedoch der kleinste Sonnenschein
dringt tief ins Herz hineiiiin!«

Wir fuhren südwärts.

Hinter uns blieb die Stadt zurück; als letztes verschwanden die beiden Turmspitzen der altehrwürdigen gotischen Kirche.

Föhrenwald nahm uns auf.

»Die schicken uns zum Holzhacken«, unkte Barbarossa.

»Wald ist gut«, flüsterte mir Alfred Schmidt zu. »Da sehen sie uns von oben nicht.«

»Willst du Soldat werden oder dich verstecken?« gab ich unwillig zurück.

Der Primus zog den Kopf ein und schwieg.

Links und rechts des Weges kein Mensch.

Schröder wandte sich an den unfreundlichen Kerl am MG. »Herr Obergefreiter...«

Weiter kam er nicht. »Halt die Klappe, Armleuchter!« grunzte der Oberschnäpser.

Da zog auch Schröder den Kopf ein.

Obwohl ich dem Schleicher die Abfuhr gönnte, stieg mir die Galle hoch. Auch wenn der Bullenbeißer zwei Winkel am Ärmel trug, brauchte er uns nicht wie den letzten Dreck zu behandeln!

»Ob wir Armleuchter sind, wird sich zeigen!« rief ich.

Bubi sprang mir bei. Er wies auf Schneider. »Schon mal 'n sechzehnjährigen Armleuchter mit dem Kriegsverdienstkreuz gesehen, Herr Obergefreiter?!«

»Sie haben Ihre Auszeichnungen wohl daheim gelassen, oder?« grinste der lange Bayer.

Selbst Thumser mischte sich ein. »Wenn ich Arzt geworden bin, würde ich Sie mit Vergnügen operieren, Herr Obergefreiter – kostenlos!«

»Möglichst ohne Narkose«, setzte der Bulle hinzu, allerdings so leise, daß es der Kerl am MG nicht verstehen konnte. Dieser Einwurf war zu stark, und ein Soldat mit zwei Winkeln schließlich eine Respektsperson.

Seltsamerweise fuhr der Obergefreite nicht mehr auf. Er guckte auf Schneiders Orden und knurrte: »Ihr wißt ja nicht, was ihr uns einbrockt, Bürschchen!«

»Würden Sie so freundlich sein, uns zu erklären, wen Sie mit wir meinen, und was wir diesem Wir einbrocken?« fragte Walter Müller höflich.

Echt Walter! Das war eine seiner typischen Formulierungen. »Einige von euch haben sich freiwillig gemeldet, oder?« brummte der Obergefreite.

Manfred Huber nickte. »Allerdings! Haben Sie was dagegen?«

»Wir wären sowieso eingezogen worden«, warf der kleine Gerngroß ein.

»Unsere Batterie ist auch ohne Flakhelfer komplett!« stieß der Obergefreite hervor.

»Na und?« stichelte Bubi.

Jetzt fuhr der ›Uralte‹ auf. »Sagt mal: Seid ihr wirklich so dämlich oder stellt ihr euch bloß so?!«

»Wir lassen uns gern belehren«, sagte Walter Müller.

»Ich bin vierunddreißig Jahre alt und habe eine Frau und zwei Kinder zu Hause!« stieß der Obergefreite durch die Zähne.

»Na und?« wiederholte Bubi.

Der Obergefreite machte eine Handbewegung, als wollte er etwas fortwischen. »Na schön, dann eben raus damit! Ob ihr's von mir hört oder von den anderen, ist letzten Endes piepegal. Ich hoffe nur, daß kein Schweinehund unter euch ist, der's in die falsche Kehle kriegt!«

»Wir haben auch in der Schule nicht gepetzt«, sagte Josef Schneider. Er mischte sich zum erstenmal ein. Mit einem Seitenblick auf Schröder fuhr er fort: »Nicht wahr, Opernsänger?«

Schröder tat, als habe er es nicht gehört.

Schneider nickte dem Obergefreiten zu. »Bitte!«

Der ›Uralte‹ sah uns der Reihe nach an, dann gab er sich einen Ruck.

»Also, gut, ihr Helden! Wir liegen hier in einer Flakstellung, etwa sieben Kilometer vom Stadtrand entfernt. Bis zu zehn Kilometern ist der Flakring um die Stadt gezogen. – Tja, ein paar Fliegerangriffe habt ihr ja alle hinter euch, auch wenn ihr sie nur im Keller erlebt habt. Die Flak-Kameraden in der Stadt, die an den Geschützen um die Bahnhöfe stehen oder in der Nähe von Rüstungswerken, haben bis jetzt verdammt draufgezahlt. Sie dürfen sich nicht verkriechen, wenn's Bomben hagelt! Ist 'n verdammt ungleiches Duell zwischen ein paar Geschützbatterien und einigen hundert Viermotbombern! Will nicht lang herumreden: Sobald ihr bei uns draußen einigermaßen einexerziert seid, werden Leute vom Stammpersonal – also wir Alten – abgezogen und entweder ins Stadtzentrum verlegt oder an die Front im Westen, Osten oder Süden. Dort setzen sie die Flak nicht nur zur Luftabwehr, sondern auch im Erdkampf ein, hauptsächlich gegen Panzer. Die Verluste sind hoch. Vielleicht begreift ihr jetzt, warum euch die meisten von uns nicht mit offenen Armen aufnehmen. Sieben Kilometer von der Stadt weg sind wir verhältnismäßig sicher gewesen. Wir sind seit Jahren Soldaten und haben allmählich die Schnauze voll. Keiner will gern ins Gras beißen. Da kommt ihr Grünschnäbel, macht uns für andere Aufgaben frei, wie es so schön heißt, und unsere Lebensversicherung ist im Eimer! – Das wär's. Und wenn einer von euch jetzt Lust hat, mich beim Alten zu verpfeifen, bitte! Dann wird der Obergefreite Maier zwo degradiert und fliegt in den Bau. Ist eh alles zum Kotzen!«

Da war die Fahrt auch schon zu Ende.

Der Obergefreite am Steuer bremste so plötzlich, daß wir gegeneinanderflogen.

In unser Geschimpfe drang die Stimme des Leutnants.

»Absitzen!«

Wir kletterten von der Ladefläche und bauten uns in Linie zu drei Gliedern auf.

Wir standen auf einer Lichtung im Föhrenwald. Sie war mir nicht unbekannt. Früher hatte ich mit Papa diese Gegend oft durchstreift. In der Nähe befand sich der stillgelegte Kanal.

Am Rande der Lichtung, dicht an den Bäumen, parkten drei Lkws und zwei Kübelwagen, das war alles.

Der Fahrer brachte den Wagen in Deckung, Maier zwo montierte das MG ab, und Leutnant Vogt winkte uns. »Mitkommen!«

Die Lichtung, auf die ein einziger miserabler Fahrweg führte, war lediglich der Parkplatz.

Im ›ohne Tritt‹ folgten wir dem Leutnant.

Es ging ins Gehölz.

»Mensch!« rief der lange Bayer plötzlich, »Mensch, das ist ja 8,8!« Er war begeistert.

Das erste Geschütz ›unserer‹ Batterie!

Es stand fest verankert zwischen den Bäumen, die man nur soweit abgeholzt hatte, daß sie ein hinreichend großes Schußfeld boten. Das Rohr war nach oben gerichtet. Zum Schutz gegen Sicht aus der Luft hatte man ein Tarnnetz über die Kanone geworfen.

Leutnant Vogt ließ halten. »Seht euch das Spielzeug an«, meinte er.

Ein Flaksoldat mit Stahlhelm, Karabiner und Fernglas flitzte zwischen zwei Stämmen heraus und baute sich vor dem Leutnant auf.

»Gefreiter Grimm auf Wache! Keine besonderen Vorkommnisse!«

Der Leutnant grüßte.

»Weitermachen!«

»Jawoll, Herr Leutnant!«

Der Gefreite verschwand.

Ich hatte nur noch Augen für die Kanone.

8,8!

Kein lächerliches 2-cm-Geschütz, sondern ein schwerer Brocken!

Das war die Überraschung!

Der Leutnant ließ uns Zeit, die 8,8 rundherum anzugucken. Dann gab er einige Erklärungen, aber er glaubte anscheinend, es mit Technikern zu tun zu haben. Ich begriff nur soviel, daß in diesem Waldstück eine Großbatterie von drei 8,8-Batterien versteckt lag, jede Batterie zu vier Geschützen. Dann mußte sich irgendwo halb unter der Erde ein bombensicherer Betonbunker mit drei Kommandogeräten befinden, und an anderer Stelle waren zwei Funkmeßgeräte aufgebaut, die den Himmel nach Feindflugzeugen absuchten. Er selbst, sagte der Leutnant, befehlige die zwote Batterie, zu der dieses Geschütz gehöre. Dann sagte er etwas von einem Seitenrichtfeld von zwomal dreihundertsechzig Grad und von einem 108adrigen Übertragungskabel, das die Schußwerte vom Feuerleitgerät laufend übermittle.

Wir guckten interessiert, aber unheimlich dämlich, und schließlich fiel es dem Leutnant auf. Er lachte.

»Noch spanische Dörfer für euch, was? – Macht nichts, werdet es bald begreifen. Bei uns geht alles im Tempo. Hier pressiert's nämlich, Herrschaften. Aber vielleicht dürfte euch aufgefallen sein, daß das Geschütz, vor dem ihr steht, eine bemerkenswerte Vergangenheit hat. Seht ihr die sieben weißen Ringe auf dem Rohr?«

Wir sahen sie.

»Jeder Ring bedeutet eine abgeschossene Feindmaschine! Ausnahmslos amerikanische Viermotbomber.«

Ich knuffte Thumser in die Seite. »Mensch, Otto, das ist 'n Ding, was?«

»Darf ich Herrn Leutnant fragen, was eine 8,8-Granate wiegt?«

Das war natürlich Schröder.

»Neunzehn Pfund«, erwiderte Vogt, »aber jetzt haben wir genug gequasselt. Los, folgen!«

»Neunzehn Pfund wiegt mein kleiner Bruder«, murmelte Bubi.

»Wiegst du vielleicht mehr?« stichelte Korner.

»Seid nicht albern!« tadelte Gerngroß. »Mit so etwas stellt man keine Vergleiche an!«

»Vorsicht!« warnte Leutnant Vogt.

Wir mußten auf den Boden achten. Überall waren Splittergräben ausgehoben. Sie verliefen nicht gerade, sondern in rechten und spitzen Winkeln. So boten sie den besten Schutz. Wieder stolperten wir an einer künstlichen Lichtung vorüber. Hier stand das zweite Geschütz. Leutnant Vogt winkte ab, als der Posten melden wollte.

In einiger Entfernung erhob sich ein massiver Betonklotz etwas über den Boden.

»Der Befehlsbunker«, erklärte Leutnant Vogt. »Dort laufen alle Meldungen von außen zusammen, und während des Gefechts werden die nötigen Befehle an die einzelnen Batterien weitergegeben. Chef unserer Großbatterie ist Herr Oberleutnant Vollmer. Daß die Telefon-, Funk- und Befehlszentrale bombensicher untergebracht sein muß, dürfte euch einleuchten. Viel Platz ist leider nicht in dem Kasten, und sollte in den nächsten Tagen Alarm gegeben werden, müßt ihr in die Splittergräben. Mit dem Bau weiterer Bunker wird demnächst begonnen.«

Flaksoldaten tauchten auf, grüßten den Leutnant, guckten uns an und verschwanden. Da und dort steckten einige die Köpfe zusammen und tuschelten, sobald der Leutnant vorüber war. Es waren mehr ältere Männer als junge. Viele von ihnen blickten genauso mürrisch wie Obergefreiter Maier zwo.

Dann sahen wir die Baracken.

Vier langgestreckte Holzbauten auf einem Kahlschlag. Sie trugen Tarnanstrich. Aus den Fenstern der drei Baracken zur Linken starrten uns neugierige Gesichter entgegen. Auch hier überwogen die mürrischen.

Obergefreiter Maier zwo behielt recht. Die ›alten Kameraden‹ nahmen uns nicht mit offenen Armen auf.

Leutnant Vogt führte uns auf die Baracke zu, die am weitesten rechts stand. Die Tür flog auf, ein Unteroffizier trat ins Freie. Ich schätzte ihn auf dreißig Jahre. Er grüßte den Leutnant mit der linken Hand. Der rechte Arm wirkte seltsam steif. Als ich genauer hinsah, merkte ich, daß es eine Prothese war. Am meisten beeindruckten mich die Auszeichnungen, die der Unteroffizier trug: das EK II, das EK I und das Verwundetenabzeichen in Silber.

»Das sind sie, Haberzettel«, sagte der Leutnant.

»Na ja«, brummte der Unteroffizier.

Begeistert klang das nicht – nicht einmal freundlich.

»Weisen Sie die Leute ein, Haberzettel!« befahl Vogt.

»Jawoll, Herr Leutnant!«

Dann zu uns: »Mitkommen!«

4.

Wir lernten unsere Unterkunft kennen.

Die Baracke bestand aus zwei Räumen. Der eine diente als Wohn- und Schlafstätte. Sechs zweistöckige Betten für uns standen darin, ein Einzelbett für Unteroffizier Haberzettel, sieben Spinde, ein langer Tisch, dreizehn Stühle und ein Kanonenofen. An der fensterlosen Rückfront hing das Führerbild.

Eine Bretterwand mit einer Tür trennte das ›Wohnzimmer‹ vom Gemeinschaftsraum.

»Hier findet der theoretische Unterricht statt«, erklärte Haberzettel. »Erläuterung der Dienstvorschriften, Schießlehre, Flugzeugerkennungsdienst und so weiter und so fort.«

Hm, sah aus wie ein Schulzimmer! Alles war da: Zweisitzerbänke, Wandtafel, Pult und Stuhl. Nur die Wandbilder erinnerten ans Militärische. Sie zeigten die 8,8 in Quer- und Schrägschnitten und in Teilen, dazu Kurven, die wohl Geschoßbahnen darstellten.

Haberzettel befahl uns in den Aufenthaltsraum zurück.

»Ihr bleibt zusammen«, eröffnete er uns, »und ich bin euer Gruppenführer. Wir gehören zur Batterie Leutnant Vogt. Bei guter Führung, und wenn ihr euch nicht zu dämlich anstellt, dürfen jeweils drei Mann übers Wochenende nach Hause. So kommt jeder einmal im Monat zu Muttern. Wer ausnahmsweise einmal Grund zu einer Beschwerde zu haben glaubt oder sonst was auf dem Herzen hat, wendet sich zuerst an mich. Alles klar?«

»Jawoll, Herr Unteroffizier!«

Haberzettels Gesicht wurde um eine Schattierung freundlicher. »Brüllen könnt ihr also. Wenigstens etwas. – Und jetzt wollen wir einander beschnüffeln. Daß ich Haberzettel heiße, wißt ihr. Nun zu euch!«

»Bayer!« schmetterte der Lange.

»Flakhelfer Bayer, Mensch!« tadelte Haberzettel.

»Jawoll, Herr Unteroffizier: Flakhelfer Bayer!«

»Wie alt?«

»Sechzehndreiviertel, Herr Unteroffizier!«

»Quatsch, Bayer, wir zählen nur voll! Also?«

»Sechzehn, Herr Unteroffizier!«

Haberzettel deutete auf den nächsten.

»Flakhelfer Braun, Herr Unteroffizier – sechzehn!«

»Hm!«

»Flakhelfer Schneider, Herr Unteroffizier – sechzehn!«

»Kriegsverdienstkreuz?«

»Jawoll, Herr Unteroffizier!«

»Wofür?«

»Für eine Selbstverständlichkeit, Herr Unteroffizier!«

»Genauer!«

»Ich holte einen Jungen aus einem brennenden Haus, Herr Unteroffizier – nach einem Bombenangriff.«

»So! – Warum gerade Sie! Waren keine Erwachsenen in der Nähe?«

»Doch, Herr Unteroffizier, aber das Haus drohte einzustürzen. Sie sagten, es sei zu gefährlich.«

»Hm!«

Dieses Hm klang völlig anders, und Haberzettels Gesicht verlor die Strenge.

»Weiter!«

»Flakhelfer Briel, Herr Unteroffizier – sechzehn!«

Flakhelfer Schröder, Flakhelfer Schmidt, Flakhelfer Korner, Flakhelfer Huber, Flakhelfer Thumser, Flakhelfer Müller, Flakhelfer Hauschild, Flakhelfer Gerngroß ... .

Und immer wieder ›sechzehn!‹

Ein Gedächtnis hatte Haberzettel, alle Achtung! Nach der Vorstellung zeigte er auf jeden von uns und nannte den richtigen Namen. Nur bei Hauschild mußte er eine Sekunde lang nachdenken.

»Klamotten einräumen!«

Wir verstauten die kleinen Bündel, die wir von zu Hause mitgebracht hatten, in den Spinden.

»Wäsche fassen! – Mir nach!«

Wir folgten Haberzettel ins Freie.

Hier war es inzwischen lebendig geworden. Eine ganze Menge

Männer vom Stammpersonal hatte sich eingefunden. Wir trotteten durch ein Spalier aus finsteren, bloß neugierigen, oder auch anerkennenden Mienen.

Ich entdeckte zwei Männer in dem Haufen, die das EK I und das Verwundetenabzeichen in Silber trugen, genauso wie Haberzettel.

»Hast du einen Kindergarten aufgemacht, Hannes?« rief ein anderer Unteroffizier spöttisch.

Haberzettel schnitt ihm eine Grimasse.

»Rutsch mir den Buckel runter, ich ärgere mich auch ohne dein Geblödel!«

Die Verpflegungsbaracke lag ein Stückchen weiter im Wald. Hier lernten wir Maier eins kennen, den ›Kammerbullen‹; Obergefreiter wie Maier zwo, aber ein fideles Haus.

»Servus, Hannes«, begrüßte er Unteroffizier Haberzettel im schönsten österreichischen Tonfall. »Ei, ei, ei und noch ein Ei, wen bringst denn da? Alle deine eigenen?«

Haberzettel zitierte den Götz, und Maier eins wurde dienstlich. Er griff in die Regale hinter sich und begann zu werfen: Wolldecken, Bettlaken, karierte Überzüge, Hemden, Socken, Unterhosen, und jedesmal verkündete er: »Paßt!«

Zurück zu unserer Baracke durch das ›Spalier‹ der ›Alten‹, abladen, zurück zu Maier eins!

Der warf jetzt Stiefel, Jacken, Hosen, Mäntel und Stahlhelme. »Paßt!«

Als wir diesmal zurückgingen, hatte sich ein Teil des Stammpersonals verlaufen. Wir waren manchen nicht mehr interessant genug.

Ein Augenmaß hatte Maier eins!

Als wir die Sachen probierten, erlebten wir unser blaues Wunder. Kaum etwas paßte wirklich. Mein Stahlhelm war zu groß, er hing mir über Augen und Ohren, dafür war die Hose zu kurz. Außerdem hatte ich zwei Knobelbecher verschiedener Größe. Die anderen sahen ähnlich aus.

»Umtausch ausgeschlossen!« belehrte uns Unteroffizier Haberzettel. »Tauscht untereinander!«

Wir wechselten die Klamotten so lange, bis jeder einigermaßen menschlich aussah.

Jetzt war ich stolz.

Ich trug eine richtige Uniform!

Ich war Soldat! . . .

»Bettenbauen!«

Haberzettel ließ nicht den geringsten Schlendrian durchgehen. Strohsack, Bettuch und die übergezogene Wolldecke mußten an den Kanten so abschneiden, daß sie auf den Millimeter genau eine Senkrechte bildeten.

Haberzettel sah auf die Uhr.

»Eine Stunde Freizeit, dann antreten im Unterrichtsraum!« Er verließ die Stube.

»Spielst du eine Partie mit, Gabriel?« fragte Alfred Schmidt.

»Ich habe mein Steckschach mitgenommen.«

»Du hast vielleicht Nerven!« gab ich zurück. »Ich seh' mir den Betrieb an.«

»Ich komme mit«, sagte der kleine Gerngroß.

Wir gingen ins Freie.

Ein paar ›Alte‹, die draußen gewartet hatten, drängten an uns vorüber in die Stube. Wahrscheinlich wollten sie uns näher kennenlernen.

Auf Gerngroß und mich traten zwei jüngere Flaksoldaten zu: Gefreite. Wir wollten strammstehen, denn wer einen Winkel trug, war ein ›Dienstgrad‹, aber die zwei winkten ab. Sie fragten nach dem Woher, und als ich sagte, daß die meisten von uns Freiwillige seien, schlug mir der eine auf die Schulter. »Auf eine solche Jugend darf der Führer stolz sein! Auch ich habe mich freiwillig gemeldet, allerdings wollte ich an die Front, und man steckte mich in diesen Saftladen, wo nichts los ist! Jetzt seid ihr da und stellt einige von uns für den Fronteinsatz frei. Beim ersten Schub, der abgeht, bin ich dabei – endlich!« Er drückte mir die Hand. »Wittmann aus Bremen.«

Wir nannten unsere Namen und lernten den anderen als Heinrich Heller aus Breslau kennen.

Beide ehemalige HJ-Führer, beide voller Ungeduld, sich ›richtig bewähren‹ zu dürfen. Ich atmete auf. Es gab also nicht nur die Sorte Maier zwo in der Stellung.

»Unteroffizier Haberzettel spielt den Brummigen, aber er ist gar nicht so«, erklärte uns Heller, »und Leutnant Vogt ist ein tadelloser Offizier. Ihr werdet eine ganze Menge von den beiden lernen, und am Anfang wird's euch nicht leichtfallen.«

»Wir sind vormilitärisch ausgebildet«, warf ich ein.

»Bei der HJ«, setzte Gerngroß hinzu.

Wittmann lachte: »Das erspart euch lediglich die Ausbildung am Karabiner und einiges vom Geländedienst.«

»Ihr seid hier bei der Flak, wenn ihr das noch nicht gemerkt habt«, unkte Heller, »und nicht bei der Infanterie.«

»Wir möchten gern die Stellung ansehen«, sagte ich.

Die beiden erklärten sich bereit, uns zu führen.

Wir hielten die Augen offen und sahen, daß die vier Geschütze einer Batterie so aufgestellt waren, daß sie die Eckpunkte eines großen Quadrates bildeten. Ein Geschütz lag vom anderen vierzig oder fünfzig Meter entfernt. Die drei Batterien wiederum bildeten ein Dreieck, in dessen Mitte der Befehlsbunker lag. In einiger Entfernung von den Geschützen standen die Funkmeßgeräte und die Scheinwerfer, in der Nähe des Bunkers zeigte uns Wittmann ein Horchgerät neueren Typs.

Überall standen Posten mit umgehängtem Gewehr.

Unsere Baracken und die Offiziersbaracke lagen außerhalb der Geschützstellungen.

»Ein Angriff feindlicher Flugzeuge auf eine Flakstellung richtet sich in erster Linie gegen die Geschütze«, erklärte Wittmann. »Deshalb sind die Unterkünfte im Sicherheitsabstand von diesen abgesetzt.«

»Was nicht bedeutet«, fiel Heller ein, »daß ihr bei Alarm in den Baracken bleiben dürft. Wer nichts am Geschütz zu tun hat oder an einem anderen Gerät, muß in den Splittergraben.«

»Dort seid ihr sicher wie in Abrahams Schoß«, grinste Wittmann, »wenn euch nicht grad ein Brocken auf den Kopf fällt.«

»Sie haben Nerven!« murmelte Gerngroß.

Wittmann lachte. »Ganz im Gegenteil, Kleiner, ich habe keine. Nerven muß man sich abgewöhnen. Der Führer braucht Soldaten, keine Nervenbündel.«

»Im übrigen braucht ihr nicht selber zu denken«, fuhr Heller fort. »Das tun eure Vorgesetzten für euch; und wenn ihr jeden Befehl blitzschnell ausführt, kann euch kaum etwas passieren.«

Gerngroß wollte etwas erwidern, ich sah, wie er zum Sprechen ansetzte, aber dann ließ er es doch bleiben.

Wir gingen zu unserer Baracke zurück. Wittmann und Heller hatten auf die Uhr gesehen und erklärt, daß sie die Posten an den Funkmeßgeräten ablösen müßten.

In unserer Baracke fanden wir die Kameraden und zwei ältere Flakartilleristen. Die führten das große Wort und prahlten mit Erlebnissen, die sie in Frankreich gehabt hatten, bevor sie hierher versetzt worden waren.

Der lange Bayer, Helmut Schröder, Barbarossa, der Bulle und Bubi lauschten mit offenem Mund.

Schmidt, Schneider, Huber, Thumser und Müller hockten auf den Bettkanten und hörten nicht hin. Sie hatten rote Köpfe und schämten sich anscheinend.

Als Gerngroß und ich ein paar Sätze der ›Franzosenkrieger‹ aufgeschnappt hatten, schämten wir uns auch.

Die Kerle berichteten keineswegs von Kampfepisoden, sondern von ›galanten Erlebnissen‹ mit gewissen Damen in gewissen Lokalen.

»Schweine!« sagte Gerngroß angewidert.

Die beiden Landser grinsten, und Bubi sprang auf. »Hast du eben mich gemeint?« zischte er und ballte die Fäuste.

Gerngroß ließ sich nicht einschüchtern. »Wer Schweinereien anhört, ist genauso ein Schwein wie der, der sie zum besten gibt!«

Ich stellte mich dicht neben den Kleinen und streifte die Ärmel hoch.

Im Nu bildeten sich zwei Parteien. Nur die beiden ›Alten‹ blieben sitzen und grinsten.

»Mal was Neues, Schorsch«, meinte der eine zum anderen, »Keilerei im Kindergarten.«

Es kam nicht dazu. Die Tür flog auf.

»Achtung!« brüllte der lange Bayer.

Ich streifte rasch die Ärmel herunter und erstarrte wie die anderen.

Unteroffizier Haberzettel war da.

»Raus mit euch!« befahl er den Alten, dann zu uns: »In Achtung bleiben! Ihr kriegt Besuch.«

Leutnant Vogt trat ein. Er winkte ab, als der Unteroffizier melden wollte, sah sich kurz um und brummte: »Na, viel Vergnügen!« Dann legte er die Hand an die Mütze und trat zur Seite.

Der Besuch erschien, und wenn wir nicht bereits in ›Achtung‹ erstarrt gewesen wären, hätten wir es jetzt getan – ganz ohne Kommando.

Die Besucher waren – Nero und Nullkommafünf!

Der Lateinlehrer und der Mathematiker!

›Nero‹ hieß der eine, weil er uns mit seinen römischen Klassikern ›verfolgte‹; der andere verdankte seinen Spitznamen einer Redensart, die er uns immer wieder an den Kopf warf: »Nachdenken, meine Herren, nachdenken! Ich erwarte das Ergebnis in null Komma fünf!«

Nero fürchtete ich; meine Kenntnisse in Latein waren – nachsichtig beurteilt – ›mittelmäßig‹. Vor Nullkommafünf hatte ich keine Angst; in Mathematik war ich prima.

Trotzdem mochte ich den Mathematiker noch weniger als den Lateiner. Das hatte nichts mit Mathematik und Latein zu tun; die Gründe lagen im Persönlichen.

Nullkommafünf sprach vom Führer und vom Tausendjährigen Reich nur dann, wenn es nicht anders ging, und was er sagte, klang durchaus nicht begeistert. So etwas merkte man, auch wenn er alles so geschickt formulierte, daß ihm keiner etwas anhaben konnte. »Ein Heimtücker!« hatte ihn der Hausmeister unseres Gymnasiums einmal genannt, und der wußte erstaunlich gut Bescheid.

In dieser Beziehung war Nero anders: alter Parteigenosse, Mitglied aller möglichen Verbände, glänzender Redner.

Ein echter Gefolgsmann des Führers!

Wenn er bloß nicht Lateinlehrer gewesen wäre!

Er kam in der Uniform eines Politischen Leiters, Nullkommafünf erschien in Zivil.

Leutnant Vogt verabschiedete sich von den beiden; auch Unteroffizier Haberzettel ging. Nero hatte ihm einen Wink gegeben.

»Heil Hitler!« rief Nero.

»Heil, Herr Oberstudienrat!«

Unsere Antwort fiel nicht gerade begeistert aus; Helmut Schröder übertönte uns alle.

Nullkommafünf nickte uns mit unbewegtem Gesicht zu.

»Rührt euch!« kommandierte Nero, dann »Setzen!«

»Verdammt!« murmelte Huber, der ›Generalstäbler‹, hinter meinem Rücken. »Das klingt verteufelt nach Schulbetrieb! Dabei sind wir eben Soldaten geworden!«

Nero gab sich freundlich. Auch das war neu. Sonst kehrte er den Gestrengen heraus, wenn er mit Untergebenen sprach.

»Nun, Flakhelfer, habt ihr euch eingelebt?«

»Jawoll, Herr Oberstudienrat!« schmetterte Helmut Schröder.

»Angeber!« flüsterte Walter Müller.

Nero lächelte. »Sehr schön; freut mich zu hören!«

Nullkommafünf sagte nichts. Er kaute an der Unterlippe und schien sich nicht recht wohl zu fühlen.

Wir hockten auf unseren Stühlen am langen Tisch und warteten gespannt, was folgen würde.

»Ich will euch nicht auf die Folter spannen«, fuhr Nero fort. »Der Zweck unseres Hierseins läßt sich in einem kleinen Zitat ausdrücken: mens sana in corpore sano! Das dürften Sie wohl gerade noch übersetzen können, Huber, nicht wahr?«

Manfred Huber sprang auf: »Ein gesunder Geist in einem gesunden Körper, Herr Oberstudienrat!«

»Gut, Huber, setzen Sie sich! Für den gesunden Körper sorgen eure militärischen Vorgesetzten; daß der Geist nicht zu kurz komme, dafür sind wir da.« Er verbeugte sich leicht gegen Nullkommafünf. »Herr Studienrat Winkler – und ich.«

»Der tut, als ob sie bleiben wollen!« murmelte Barbarossa.

Nero lächelte: »Was meinten Sie eben, Braun? Wenn Sie Bedenken wegen des dummen Streiches haben sollten, den Sie mir vor einiger Zeit gespielt haben, kann ich Sie beruhigen. Ich trage Ihnen nichts nach! Dachten Sie eben daran?«

Willi Braun nahm Haltung an: »Nein, Herr Oberstudienrat, ich . . . ich . . .«

»Nun, Braun?«

Gerngroß sprang dem Pechvogel bei: »Braun fiel auf, daß Sie einen Stern mehr auf dem Kragenspiegel tragen, Herr Oberstudienrat!«

Nero nickte zuerst Gerngroß, dann Braun zu. »Nun ja – ich wurde befördert. Ein Entgegenkommen des Herrn Gauleiters – doch nun zur Sache!«

Braun atmete auf. Unter dem Tisch versetzte er Gerngroß einen Stoß gegen das Schienbein. Das war sein Dank. Nero fuhr fort: »Herr Dr. Winkler und ich sind u.k. gestellt; nicht des Alters wegen, sondern weil der Führer befohlen hat, daß die Weiterbildung der Jugend auch im härtesten Schicksalskampf des deutschen Volkes nicht vernachlässigt werden darf! Nach dem Endsieg braucht Deutschland Männer, die imstande sind, die Wunden, die der uns aufgezwungene Krieg geschlagen hat, zu heilen, und die – jeder an seiner Stelle – dazu beitragen, Volk und Reich einer glorreichen Zukunft entgegenzuführen! Ihr, meine Flakhelfer und Schüler, werdet uns dann dankbar sein, daß wir euch die Möglichkeit geboten haben, euch auch jetzt auf euren zukünftigen Beruf vorbereiten zu dürfen. Ich werde euch täglich zwei Stunden in Latein, Deutsch und Geschichte unterrichten, Herr Dr. Winkler wird in einer weiteren Stunde Mathematik und Physik geben.«

Mir blieb die Spucke weg. Latein und Schulmathematik am Geschütz! Wenn das kein Witz war!

Ich schielte zu Nullkommafünf. Der stand unbewegt. In seinem Gesicht zuckte kein Muskel.

Bücher, Hefte und was sonst zum Schulbetrieb nötig sei, sollten im Laufe des Tages eintreffen, erklärte Nero weiter. Mit dem Kommandeur der Großbatterie sei alles abgesprochen. Der Unterricht lasse sich ohne Schwierigkeit so einbauen, daß unsere militärische Ausbildung keinen Schaden leide. Und falls einer von uns einen persönlichen Rat oder Hilfe brauche: er und Dr. Winkler wohnten in der Offiziersbaracke.

Dann sprach Nullkommafünf. Er redete ruhig, aber ich merkte ihm an, daß er erregt war.

»Nachdem sich unser Herr Direktor zum Einsatz an der Front gemeldet hatte, wurde Herr Oberstudienrat Dr. Ammon zum kommissarischen Schulleiter ernannt.«

Dr. Ammon war Nero!

Von wem ernannt, sagte Nullkommafünf nicht.

»Weitermachen!« befahl Nero und machte eine knappe Handbewegung gegen Nullkommafünf. »Bitte, Herr Kollege!«

Die beiden verließen die Baracke.

Wir waren so perplex, daß der lange Bayer erst »Achtung!« rief, als die zwei schon draußen waren.

»Da wird man nun Soldat, und die Pauker lassen einen trotzdem nicht los!« quengelte Bubi.

»Achtung!«

Diesmal kommandierte der Bulle. Er hatte Leutnant Vogt und Unteroffizier Haberzettel zuerst gesehen.

Der Leutnant befahl uns in den Unterrichtsraum. Hier erfuhren wir, was wir von der Lagerordnung wissen mußten.

Um sechs Uhr Wecken, sechs Uhr fünfzehn Frühsport, sechs Uhr fünfundzwanzig Frühstück ...

Alles war auf die Minute vorausgeplant.

Dienst, Mittagessen, Unterricht, Waffenreinigen, Stubendienst ... Unteroffizier Haberzettel belehrte uns über luftschutzmäßiges Verhalten, Schweigepflicht und Sauberkeit im Lager.

Um halb eins gab es das Mittagessen: Linsen und Bratlinge, die Karl Korner als Hackbratenersatz bezeichnete.

Eine halbe Stunde nach dem Essen war Großreinemachen der Unterkunft. Wir schufteten mit Eimern, Schrubbern und Besen und brachten die Bude auf Hochglanz.

Unteroffizier Haberzettel brummte zufrieden; das wollte was heißen!

Danach faßten wir Gewehre, Seitengewehre, Patronentaschen, Spaten, Gasmasken und pro Mann fünf Schuß scharfe Munition. Haberzettel wachte mit Argusaugen darüber, daß jeder die Patronen ordnungsgemäß in die Patronentasche steckte und diese vorschriftsmäßig verschloß. Unserer vormilitärischen Ausbildung schien er nicht ganz zu trauen.

Maier eins, der Kammerbulle, grinste. »Na, dann schießt mal schön«, meinte er gemütlich.

Vor der Kammerbaracke erwarteten uns die Gefreiten Wittmann und Heller.

»Gerät aufgebaut«, meldete Wittmann Unteroffizier Haberzettel. Haberzettel ließ uns antreten. Mit ihm und den beiden Gefreiten marschierten wir ins Gehölz zu einem nahen Steinbruch. Hier befand sich der Schießstand.

Wir schossen ›liegend aufgelegt‹ auf hundert Meter Distanz. Wittmann zeigte die Treffer an, Heller führte die Schießkladde. Haberzettel beäugte uns argwöhnisch.

Sein Gesicht hellte sich indes mehr und mehr auf. Wir ließen uns nicht lumpen. Lediglich Schmidt, unser Primus, versagte. Er schoß zunächst eine Fahrkarte, dann einen Dreier und zuletzt einen Fünfer. Huber war in seinem Element. Er brachte es auf 10 – 12 – 11!

»In Ordnung«, sagte Haberzettel zum Schluß, »ab morgen können wir euch auf Wache schicken.«

Wir marschierten in unsere Baracke zurück, und wer geglaubt hatte, daß wir jetzt frei hätten, sah sich getäuscht.

»Unterricht!« bestimmte Haberzettel. »Hinterher Waffenreinigen!«

Erste Unterweisung über die 8,8.

Haberzettel wiederholte im wesentlichen, was wir bereits kurz von Leutnant Vogt erfahren hatten. Zum Schluß lernten wir an einem Modell den Betrieb der Seitenrichtmaschine mit der Handkurbel kennen. Das war der erste praktische Handgriff. Die Zeit verrann im Flug.

Nach dem Unterricht Waffenreinigen.

Auch das war uns nichts Neues, wenn es Haberzettel auch viel genauer mit der Kontrolle nahm als unsere Führer in der HJ. Wenn er den Lauf des Karabiners bei geöffnetem Verschluß gegen das Licht hielt, durfte sich kein Stäubchen im Rohr befinden!

Den Abschluß des Dienstes bildete der erste Stubenappell, den Leutnant Vogt ›zur Feier des Tages‹ – wie er sich ausdrückte – persönlich vornahm.

Es gab keine Beanstandungen, und wir durften zum Essenfassen. Das Abendessen bestand aus Brot, Margarine, Streichkäse und Tee . . .

5.

3. Oktober 1944.

Um sechs Uhr war Wecken, dann Frühsport vor der Baracke, dann Frühstück, und hinterher ging's los.

Leutnant Vogt stellte uns dem ›Alten‹ vor, dem Chef der Großbatterie.

Oberleutnant Vollmer, knapp sechsundzwanzig Jahre alt, mit einer ganzen Menge Auszeichnungen, darunter zwei rumänische Orden. Draufgänger bester Sorte; hatte eine Reihe Einsätze im Erdkampf (gegen Panzer) hinter sich und war nur deshalb bei uns, weil er für die Front nicht mehr taugte. Er war viermal verwundet worden und ging am Stock.

Seine Ansprache fiel bemerkenswert knapp aus, aber Vollmer fand genau den richtigen Ton für uns.

»Als Flakhelfer seid ihr Soldaten; als Soldaten habt ihr eure Pflicht zu tun und jedem Befehl blind zu gehorchen, sonst holt euch der Teufel. Beweist, daß ihr keine Hosenscheißer seid! – Danke!«

Hinterher teilte uns Leutnant Vogt in zwei Sechsergruppen. Die erste – zu ihr gehörte ich – sollte unter Haberzettel ›Mutter Erde kennenlernen‹; die zweite führte Vogt zum Geschützexerzieren. Nach einer Stunde sollte gewechselt werden.

Haberzettel schenkte uns nichts.

Immer wieder schrie er »Volle Deckung!«, und wir mußten uns in die nächstbeste Mulde, hinter den nächsten Baum oder die nächstbeste Erhebung werfen. Zur Abwechslung hechteten wir dann in die Splittergräben und drückten die Gesichter gegen den Boden. Haberzettel brachte uns auf Trab. Das müsse so sein, erklärte er, und bei einem Fliegerangriff würden wir merken, warum wir derart geschliffen worden seien.

Er verfügte über ein tolles Vokabular.

»Volle Deckung!«

»Zieh den Hintern ein, Schröder, oder willst du dein zweites Gesicht von einer Luftmine abrasieren lassen?!«

Er hatte die Augen überall.

Manfred Huber war der Stahlhelm ins Genick gerutscht, als er sich in den Splittergraben kugeln ließ. Er setzte ihn gerade. Schon wetterte Haberzettel los: »Wohl 'n Veitstanz gekriegt, was?! Macht der Kerl Freiübungen in voller Deckung! Willst am Ende die Aufmerksamkeit der ganzen englischen Luftflotte auf uns ziehen, was?!«

»Immer rin in die Suppe, Gerngroß! Wenn's scheppert, guckst du dich auch nicht erst nach 'nem trockenen Fleckchen um!«

»Leg 'n Zahn zu, Bayer! So 'ne Rübe! Bis der seine Knochen zur Ruhe bringt, ist der Krieg vorbei!«

»Das gilt auch für dich, Briel! Schnelligkeit ist das halbe Leben! Laß dir von deiner Urgroßmutter beibringen, was Laufen heißt!«

»Wenn ich ›marsch marsch‹ befehle, will ich nichts anderes sehen als Stiefelabsätze und waagerecht fliegende Seitengewehre!«

Wir kamen verteufelt ins Schwitzen, obwohl wir von der HJ her einiges gewöhnt waren. Jetzt begriff ich den Unterschied zwischen vormilitärischer und militärischer Ausbildung.

Kein einziger von uns machte schlapp, und Unteroffizier Haberzettel erkannte es nachher an. Er brummte: »Na ja, für den Anfang nicht übel.«

Fünf Minuten Pause, dann ans Geschütz!

Auch Leutnant Vogt drückte aufs Tempo. Die bisherigen Ladekanoniere wiesen uns in die nötigen Handgriffe ein. Natürlich exerzierten wir mit Übungsgranaten.

Die 8,8 zwang zur Schnelligkeit. Der halbautomatische Schub-Kurbel-Gleitverschluß gestattete eine rasche Feuerfolge, und wenn der Ladekanonier mit Nachschub nicht gleich bei der Hand war, wetterte der Richtkanonier los, und der Geschützführer explodierte.

Geduld schienen die ›Alten‹ nicht zu kennen. Sie glaubten,

daß wir das, was sie in langer Ausbildung gelernt hatten, im Handumdrehen begreifen müßten.

»Die wichtigsten Handgriffe am Geschütz muß jeder von euch beherrschen!« sagte Leutnant Vogt. »Im Ernstfall muß einer den anderen ersetzen können.«

Fünf Minuten Verschnaufpause, dann zurück in den Unterrichtsraum!

Hier eröffnete uns Vogt, was uns im einzelnen erwartete.

Jeden Abend von acht bis zehn würden drei von uns Geschützwache schieben. Die Nachtwachen sollten vorerst die Soldaten vom Stammpersonal weiterführen. Wir wurden belehrt, wie wir uns auf Wache benehmen mußten.

Augen und Ohren offenhalten, bei Verdächtigem einmaliger Anruf, dann feuern!

Unsere Spezialaufgaben sahen so aus:

Gerngroß und Hauschild: Telefondienst,

Thumser und Huber: Dienst am Fernmeßgerät,

Müller und Schneider: Posten am Horchgerät,

Schröder, Braun und Schmidt: Bedienung der Scheinwerfer,

Bayer, Korner und ich sollten als Ladekanoniere besonders ausgebildet werden. Die anderen guckten uns drei neidisch an, und wir fühlten uns mächtig.

Leutnant Vogt bedeutete den anderen, daß ihre Aufgaben genauso wichtig seien wie der Dienst am Geschütz, außerdem würde jeder – wie bereits gesagt – an der 8,8 unterwiesen.

Den Gegner lernten wir zunächst auf Schautafeln kennen – Flugzeugerkennungsunterricht hieß das.

Vieles war uns bereits vertraut. Unsere Stadt hatte ja einige Luftangriffe hinter sich, und die Zeitungen brachten immer wieder Abbildungen von Feindbombern.

Aber jetzt kam's genau.

Amerikanisches Jagdflugzeug P – 14 Thunderbolt, Zerstörer und Jagdbomber P – 38 Lightning, mittleres Kampfflugzeug B – 26 Marauder, schwerer Viermotbomber B – 17 Fortress und B – 29 Superfortress; dann die ›Engländer‹ und schließlich die ›Russen‹. »Die Russen sind für uns weniger von Bedeutung«, meinte der Leutnant, »die werden sich kaum zu uns nach Bayern verfliegen. Aber wehe dem, der mir eine Spitfire mit einer Thunderbolt verwechselt!«

Der Nachmittag bescherte uns die erste Lateinstunde mit Nero. Ovid!

Ovid war derjenige römische Klassiker, der mir am wenigsten lag. Nero hatte an alles gedacht. Für jeden stand ein Buch zur Verfügung.

Ich war von Ovid meilenweit entfernt. Meine Gedanken und Vorstellungen kreisten um die 8,8.

»Briel!«

Neros Stimme riß mich in den Unterricht zurück.

Ich sprang auf und knallte die Hacken zusammen. Nero liebte militärische Haltung.

»Geschlafen, Briel?«

»Nein, Herr Doktor!«

»Sehr schön, Briel. Dann können Sie mir sicher sagen, was Ovid meint, wenn er schreibt . . .«

Buchstäblich in letzter Sekunde retteten mich . . . die Bomben! Eine dumpfe Explosion riß Nero das Wort vom Mund, dann zitterten der Boden und die Holzwände der Baracke, und die Fenster klirrten.

Es bedurfte keines Kommandos. Wir nahmen ›volle Deckung‹, indem wir unter den Bänken verschwanden. Ich lag auf dem Fußboden, schützte den Kopf mit den Händen und hielt den Atem an. Niemand sprach ein Wort. Im Unterrichtsraum hätte man die berühmte Stecknadel fallen hören können.

Doch es geschah nichts mehr. Es folgte keine zweite Detonation, und im Lager blieb es ruhig.

Kein Alarm!

Ein Kopf schob sich neben den meinen.

Der lange Bayer. Er hatte sich zuerst gefaßt.

»Mens sana in corpore sano«, grinste er. »Ich glaube, ich bin heil geblieben. Mein Corpus ist intakt, und denken kann ich auch noch.«

»Bomben!« gab ich ebenso leise zurück.

Bayer tippte mir an die Stirn. »Sehr scharfsinnig, Gabriel! Daß es keine Ostereier waren, ist klar.«

»Aber da war doch kein Flugzeug! Wir hätten das Brummen hören müssen!«

Bayer zuckte die Schultern. »Ich bin kein Hellseher!«

Wir krochen nach oben, ohne daß Nervo ein Wort gesagt hatte. Als ich den Kopf übers Pult schob, sah ich Nero ins Gesicht. Unser Lateiner war bleich wie eine gekalkte Wand. Er lehnte an der Tafel und umkrampfte mit beiden Händen den Ovid; das Buch zitterte.

Endlich sprach er. Auch seine Stimme bebte.

»Warum – wurde kein Alarm gegeben?«

Es klopfte. Nullkommafünf trat ein. Er war wie immer.

»Entschuldigung«, sagte er mit einer knappen Verbeugung zu Nero, »Herr Leutnant Vogt hat mich aufgehalten, deshalb komme ich zu spät. Doch wie ich sehe, haben sich die Flakhelfer bereits gefaßt.«

»Was soll das heißen – Herr Kollege?« stöhnte Nero.

»Herr Oberleutnant Vollmer eröffnete mir vor zehn Minuten, daß in etwa vier Kilometern Entfernung vom Lager Bomben gesprengt würden; englische und amerikanische Blindgänger, die unschädlich gemacht werden mußten. Pioniere hatten sie zur Sprengung vorbereitet. Das Stammpersonal wußte Bescheid, die Flakhelfer sollten durch mich informiert werden. Herr Vogt bat mich jedoch, die Sprengung abzuwarten.«

»Und – warum, wenn ich bitten darf?!« japste Nero.

Leutnant Vogt gab die Antwort selbst.

Es klopfte, die Tür flog auf, und der Leutnant erschien. Er musterte uns mit einem Blick und lachte.

»Sehr schön, keiner ist ohnmächtig geworden.«

»Ich bitte um eine Erklärung, Herr Leutnant!« stieß Nero hervor. Jetzt war er nicht mehr blaß im Gesicht, sondern rot. Er bebte vor Empörung.

»Das ist 'n Ding!« flüsterte Karl Korner hinter mir. »Paß auf, die kriegen sich in die Wolle!«

Vogt ließ sich nicht aus der Ruhe bringen.

»Ich wollte feststellen, wie sich meine Flakhelfer halten, wenn es unvermutet donnert.« Er wandte sich an uns. »Volle Deckung genommen?«

»Jawoll, Herr Leutnant!« riefen wir. Der Bann war gebrochen. Wir waren stolz auf uns selbst, außerdem hatte Vogt ›meine‹ Flakhelfer gesagt!

»Eine Unverschämtheit!« zischte Nero.

»Es täte mir leid, wenn ich Sie erschreckt haben sollte, Herr Oberstudienrat«, erwiderte Vogt gelassen.

Nero schnappte nach Luft.

Wir lauerten.

Aber Nero faßte sich. »Sie haben meine Lateinstunde gestört, Herr Leutnant!« erwiderte er mühsam.

»Das wollte ich nicht, Herr Doktor. Es lag lediglich in meiner Absicht, die Flakhelfer auf die Probe zu stellen.«

Er grüßte und verließ den Raum.

Nero klemmte den Ovid unter den Arm und wandte sich an Nullkommafünf. »Führen Sie bitte den Unterricht weiter, Herr Kollege!«

Der Mathematiker trat ans Pult.

»Gern.«

Nero winkte dem ›Opernsänger‹ zu. »Sie kommen mit, Schröder!«

»Jawoll, Herr Direktor!«

Nero korrigierte ihn nicht. Schröder hielt ihm die Tür auf, wir erhoben uns, und die beiden verschwanden.

»Dicke Luft!« grinste der lange Bayer. »Wir werden den Opernsänger ausquetschen, wenn er zurückkommt.«

Nullkommafünf klopfte mit dem Bleistift aufs Pult. »Ich bitte um Ruhe!«

Aber der Lange war in seinem Element. »Nero hat Schiß!« griente er.

»Halt die Klappe!« knurrte ich ärgerlich.

Bayer ließ sich nicht beirren. »Zu Hause hat er einen bombensicheren Keller, Gabriel, aber hier . . .«

Ich stieß ihn unter der Bank gegen das Schienbein; da gab er Ruhe.

Nullkommafünf lächelte.

»Wir wollen versuchen, die Mathematik in den Dienst des Militärischen zu stellen. Wie ihr wißt, verläuft eine Geschoßbahn niemals in einer Geraden. Das ist besonders zu beachten, wenn weiter entfernte Ziele unter Feuer genommen werden. Die Krümmung der Fluglinie läßt sich berechnen. Ich denke, daß ihr als Flakartilleristen für eine solche Berechnung einiges Interesse aufbringen werdet.«

Wir waren bei der Sache . . .

Schröder kam erst nach Beendigung des Unterrichts zurück. Er tat geheimnisvoll und hüllte sich in Schweigen.

»Heute abend wird er so lange vermöbelt, bis er singt!« entschied der Bulle . . .

Am späten Nachmittag marschierten wir mit Unteroffizier Haberzettel und den Gefreiten Wittmann und Heller in den Steinbruch zum MG-Schießen.

Zuerst Einzelfeuer, dann einige Schuß Dauerfeuer.

Manfred Huber glänzte wieder, aber auch ich war mit meiner

Leistung zufrieden. Meine Einschläge wiesen keine zu große Streuung auf.

Nach dem Abendessen wurden die Unteroffiziere unserer Batterie zu einer Befehlsausgabe in den Bunker gerufen.

Wir Flakhelfer waren allein im Aufenthaltsraum.

»Na, dann wollen wir mal!« entschied Karl Korner, der Bulle. Der lange Bayer spuckte in die Hände. »Von mir aus kann's losgehen!«

»Auf geht's!« rief Bubi.

Die drei gingen langsam auf Schröder zu, schnitten ihm den Weg zur Tür ab und drängten ihn in die Ecke.

»Was wollte Nero von dir?« fragte Bayer.

Bubi ballte die Fäuste. »Spuck's aus, Opernsänger!«

Schröder wurde blaß. »Laßt mich in Ruhe!« keuchte er. »Es geht keinen was an! Es ist etwas ganz Persönliches!«

»Wir sind eine große Familie«, grinste Manfred Huber. »Unter Familienmitgliedern gibt's keine Geheimnisse. Deine Brüder sind neugierig, Schröderlein!«

»Ich – ich werde euch melden!« stieß Schröder hervor.

Das hätte er nicht sagen sollen!

Bayer packte ihn an der Jacke, und schon klatschte es.

»Raus mit der Sprache!«

Schröder wehrte sich nicht. Er hielt die Hände vors Gesicht und begann zu wimmern.

Da griffen Korner und Bubi zu. Schröder flog von einem zum anderen, und plötzlich stellte ihm Barbarossa ein Bein. Schröder fiel; Hauschild, Braun und Huber stürzten sich auf ihn.

»Ekelhaft!« murmelte Gerngroß.

Schneider, Schmidt, Müller und Thumser standen abseits wie der Kleine.

Plötzlich sah ich Blut! Ein Faustschlag hatte Schröders Nase getroffen. Schröder schrie auf.

Ich hatte den Duckmäuser nie leiden können, doch jetzt warf ich mich dazwischen.

»Aufhören! Schämt ihr euch nicht? Vier gegen einen!«

Ich riß Bubi zurück, steckte einen Boxhieb des Bullen ein und packte Barbarossa am Kragen.

Schneider sprang mir bei, dann Thumser, Müller und Schmidt. Nur Gerngroß mischte sich nicht ein. Er schüttelte den Kopf und murmelte: »So was nennt sich Kameradschaft!«

Im Nu war die tollste Keilerei im Gang. Keiner dachte mehr an Schröder. Wir droschen aufeinander los. Es war wie die Entladung einer Hochspannung. Stühle polterten um, dann kippte der lange Tisch. Korner schnaufte wie ein Stier, Bayer gebrauchte die kräftigsten Ausdrücke, und am lautesten schrie Bubi, der Zornnickel.

Die Bude dröhnte.

»Aufhören!«

Das war ein messerscharfer Befehl.

Wir ließen voneinander ab und rappelten uns in die Höhe.

In der Tür stand der Gefreite Wittmann.

»Verrückt geworden, wie?! Drei Kilometer gegen den Wind ist euer Krach zu hören! Was ist los?«

Wir standen mit gesenkten Köpfen, aber ich sah, daß sich Schröder nicht mehr in der Stube befand. Er hatte sich heimlich verdrückt.

»Ich will wissen, was los ist!« donnerte Wittmann.

Bayer trat einen Schritt vor. »Nichts Besonderes, Herr Gefreiter! Wir – konnten uns mit Worten allein nicht über den Begriff Kameradschaft einigen.«

Wittmann fragte nicht weiter.

»An Ihrer Jacke fehlen zwei Knöpfe, Flakhelfer!« sagte er zu dem Langen; dann zu Korner: »Auf Ihrem linken Ärmel ist ein Blutfleck!« Und zu uns allen: »Ihr seht nicht wie Soldaten aus, sondern wie Lümmel nach einer Wirtshausrauferei! Und erst die Stube! Innerhalb von zwanzig Minuten ist alles wieder in Ordnung! Die Stube und sämtliche Flakhelfer haben dann appellfähig zu sein! Los, anfangen!«

Wittmann blieb und behielt jeden von uns im Auge.

Wir schufteten verbissen.

Stubendienst, Putz- und Flickstunde in einem. Gerngroß sprang denen bei, die allein nicht zurechtkamen.

»Was ihr euch eben geleistet habt, ist alles andere als ein Dummer-Jungen-Streich«, sagte Wittmann scharf. »Ihr wißt, daß ihr ausgebildete Soldaten für den Einsatz an der Front freimachen sollt. Statt dessen schlagt ihr euch die Schädel ein! Wenn ich nicht zufällig vorbeigekommen wäre und den Krach gehört hätte, wären einige von euch lazarettreif geworden. Ein sauberer Dienst, den ihr dem Führer erwiesen hättet! Das grenzt an Wehrkraftzersetzung, Herrschaften! Anscheinend hat man euch noch zu wenig geschliffen! – Das eine kann ich euch flüstern: Wenn ich durch euch davon abgehalten werden sollte, an die Front zu gehen, könnt ihr was erleben!«

Wir schafften es in der Zeit, die Wittmann uns gesetzt hatte. Er ließ uns in der Stube antreten und musterte jeden einzelnen. »Euer Glück!« knurrte er. »Sonst hätte ich euch gemeldet!«

Als ob es so verabredet gewesen wäre, kam Unteroffizier Haberzettel gerade jetzt zurück.

»Achtung!« rief Wittmann und meldete: »Gefreiter Wittmann beim außerplanmäßigen Unterricht über Kameradschaft! – Keine besonderen Vorkommnisse!«

Haberzettel guckte den Gefreiten an, dann uns, nickte Wittmann zu und meinte: »Keine schlechte Idee! So kommen die Jungen auf keine dummen Gedanken. – Rührt euch; abtreten!«

»Gefreiter Wittmann bittet, gehen zu dürfen!«

»Schon gut, Wittmann – gute Nacht!«

»Gute Nacht, Herr Unteroffizier! – Gute Nacht, Flakhelfer!«

»Gute Nacht, Herr Gefreiter!« Am lautesten schrie Bubi; der lange Bayer war kleinlaut geworden, und der Bulle murmelte den Gruß nur.

Wittmann ging.

»Wo ist Schröder?« fragte Haberzettel.

»Aus – austreten, Herr Unteroffizier«, stotterte Barbarossa, der Haberzettel am nächsten stand.

Schröder kam nach einigen Minuten zurück.

Wir erstarrten. Was würde jetzt passieren?

»Wie sehen Sie bloß aus, Menschenskind?« fuhr Haberzettel auf. Schröders Nase hatte zu bluten aufgehört, aber sein Gesicht war verschmiert. An der Jacke fehlte ein Knopf, der ganze Kerl wirkte wie durchgewalkt.

Schröder versuchte, Haltung anzunehmen. »Ich – ich war – austreten, Herr Unteroffizier, und dann – dann stolperte ich und bin – hingefallen.«

»So etwas will Soldat sein!« bellte Haberzettel. »Zu ungeschickt zum Sch...! In zehn Minuten will ich Sie manierlich sehen, verstanden?!«

»Jawoll, Herr Unteroffizier!«

»Daß er uns nicht verpetzt, hätte ich ihm nie zugetraut!« flüsterte mir Walter Müller zu.

»Ich helfe dir, Schröder«, sagte ich.

Er warf mir einen Blick zu, aus dem ich nicht klug wurde ...

Um acht Uhr abends zog ich mit dem langen Bayer und Otto Thumser auf Wache. Unteroffizier Haberzettel wies uns die Abschnitte zu, die wir – jeder für sich – im Rundgang zu beobachten hatten. Wir trennten uns, und ich marschierte los. Es war empfindlich kühl. Ich schlug den Mantelkragen hoch, lauschte ins Gehölz und guckte zum leeren Himmel. Nicht einmal aus der Ferne klang das tiefe Dröhnen, das feindliche Bomber verriet. Es schien, als sollte es eine ruhige Nacht geben.

Plötzlich zuckte ich zusammen.

Da waren Schritte im Dunkel!

Ich riß das Gewehr von der Schulter und entsicherte.

Meine Stimme klang fremd, als ich das erste Wort der Parole hervorstieß: »Halt – Kurfürst!«

Wenn es einer der Unseren war, mußte er »August!« antworten. ›Kurfürst August‹ hieß die Losung.

»August!« kam es zurück.

Kurz darauf – war Schröder bei mir!

»Du hast doch keine Wache, was willst du?«

»Sprich nicht so laut, Briel, ich habe mich weggeschlichen!«

»Warum? – Lassen sie dich noch immer nicht in Ruhe?«

»Doch, Briel, nur – du bist mir vorhin als erster beigesprungen, ich hab's genau gesehen.«

»Na und? Vier gegen einen ist eine Gemeinheit.«

»Und – und dann hast du mir geholfen, die Klamotten in Ordnung zu bringen.«

»Allein hättest du's in zehn Minuten nicht geschafft. Erledigt, Schröder!«

»Für mich nicht, Briel. Ich – hatte bisher kaum einen Freund – und du . . .«

Ich unterbrach ihn. »Wer sagt dir, daß ich dein Freund bin?«

Schröder schluckte. »Weißt du, Briel, hier ist alles anders als zu Hause und in der Schule, und vorhin habe ich gemerkt, wie allein ich war. Da bist du mir beigesprungen . . .«

»Das hatten wir schon, Schröder!«

»Ich möchte, daß du mein Freund wirst, Briel!«

»So was läßt sich nicht kommandieren, Schröder!«

»Es ist eine Bitte, Briel, und ich will dir auch beweisen, daß du mir vertrauen darfst. Wenn ich dir – nur dir! – sage, was Nero von mir wollte . . .«

»Hm!«

»Du wirst es bei dir behalten?«

»Ich zwinge dich nicht, es mir zu verraten!«

Schröder atmete schwer. »Gut, ich vertraue dir auch so.«

Ich war gespannt, aber ich zeigte es ihm nicht. Er sollte nicht glauben, mich so schnell herumzukriegen. Daß ich ihm beigesprungen war, hatte nur etwas mit Fairneß zu tun gehabt, nichts mit freundschaftlichen Gefühlen.

»Nero ist nicht nur Lateinlehrer, sondern auch Hoheitsträger der Partei, Briel!«

»Was für eine Neuigkeit, Schröder!« spottete ich.

Er war nicht beleidigt, er brauste nicht auf. Er bettelte.

»Hör mich an, Briel!«

»Das tue ich schon die ganze Zeit, Schröder.«

»Nero nahm mich mit in die Offiziersbaracke« fuhr Schröder fort. »Dort hat jeder sein eigenes kleines Zimmer. Er sagte, er kenne meinen Vater als überzeugten Nationalsozialisten, und wisse, daß auch ich für den Führer und die Partei alles tun würde, was in meinen Kräften steht.«

»Das tun wir alle!« begehrte ich auf. Ich ärgerte mich über Nero. Daß er ausgerechnet dem Opernsänger zutraute, was er vor allem mir hätte zutrauen müssen! – Vielleicht lag es am Latein. Schröder war in Latein besser als ich, und Nero setzte den Ovid der politischen Einstellung gleich? – Unsinn! Es mußte etwas anderes dahinterstecken.

Jetzt platzte ich fast vor Neugierde. »Weiter, Schröder!«

»Nero sagte, daß nicht alle so dächten, und er sei auch deshalb zu uns in die Flakstellung gekommen, um festzustellen, ob die Jungen des Führers sich in den richtigen Händen befänden.«

»Damit meinte er uns Flakhelfer«, warf ich ein.

Schröder nickte. »Genau. – Nero sagte, daß ein Hoheitszeichen an der Uniform noch lange nicht bedeute, daß der Träger dieser Uniform ein Nationalsozialist sei, auf den man sich verlassen könne, und daß das Parteiabzeichen am Rockaufschlag nicht unbedingt die Gewähr für Vertrauen biete. Es gäbe Parteigenossen, die allen Ernstes am Endsieg zweifelten!«

»Das sind Dummköpfe oder ausgemachte Schufte!« fuhr ich auf.

»So etwas Ähnliches sagte ich Nero«, erwiderte Schröder.

Die Spannung wurde unerträglich. »Na und?« drängte ich.

»Spielte er auf bestimmte Leute in der Stellung an?«

»Nicht direkt, Briel.« Schröder zögerte.

Da verlor ich die Geduld. »Raus mit der Sprache!«

Schröder war mir so nahe, daß ich im Dunkel sein Gesicht erkennen konnte.

»Nero hat mir nicht das Versprechen zu schweigen abgenommen. Er hat nur gedroht, daß mir einiges blühen dürfte, wenn unsere Unterredung an die falschen Ohren käme. Aber du bist in Ordnung, das weiß ich.«

»Faß dich kürzer!« knurrte ich. »Ich schiebe Wache! Wenn eine Kontrolle kommt und uns beisammen sieht, gibt's Stunk!«

»Ich soll mich ein bißchen umhören, wer politische Witze über den Führer erzählt, über Goebbels, Göring, Himmler und die anderen Großen, wer Feindpropaganda verbreitet oder sonstwie die Wehrkraft zersetzt. Die soll ich ihm dann melden. Und . . .«

»Und?!« drängte ich, als Schröder innehielt.

Wieder drückte er eine Weile herum. Da packte ich ihn an der Brust.

»Ich sag's ja schon!« Er dämpfte seine Stimme zum kaum hörbaren Flüstern. »Und – ich soll gut aufpassen, ob – Leutnant Vogt und – Nullkommafünf – Bemerkungen fallen lassen, die – in diesem Sinn ausgelegt werden könnten.«

Ich glaubte, nicht recht gehört zu haben.

»Vogt ist Offizier, Schröder!«

»Nicht so laut, Briel! – Das meinte Nero mit dem Hoheitsabzeichen an der Uniform! Die Verschwörung vom 20. Juli war doch auch von Offizieren angezettelt worden!«

»Vogt ist anders!« stieß ich hervor.

»Wir kennen ihn kaum«, versetzte Schröder.

»Und Nullkommafünf ist Parteigenosse!« warf ich ein.

»Nur dem Namen nach, Briel!«

»Hat Nero das behauptet?«

Schröder wich aus. »Das wissen wir doch alle! Er ist nur dann bei Veranstaltungen der Partei erschienen, wenn es nicht anders ging; und wenn du ihn mit Nero vergleichst, wird dir der Unterschied zwischen den beiden vollkommen klar!«

Ich wußte nicht, was mit mir los war. Natürlich hielt ich die Leute, die in Zweifel zogen, woran ich glaubte, für Schurken und Verräter – aber Leutnant Vogt? Nicht einmal Nullkommafünf paßte in diese Kategorie, wenn ich es recht betrachtete.

Und dann fand ich Neros Vorgehen seltsam. Eines Hoheitsträgers unwürdig.

Jawohl, das war es!

Warum ausgerechnet Leutnant Vogt?

Wollte Nero ihm den Auftritt während der Lateinstunde heimzahlen?

Ich schüttelte den Kopf.

Ausgeschlossen! Das wäre kleinlich – nein, mehr als das!

»Du wirst schweigen, Briel«, flüsterte Schröder, »und jetzt haben wir etwas, das uns verbindet. Uns beide!«

»Halt die Klappe, Schröder – es kommt jemand!«

Schröder und ich lauschten und hörten die Schritte deutlich.

»Mund halten, Briel!«

Schröder huschte in Richtung unserer Baracke davon.

Ich brachte das Gewehr in Anschlag.

»Halt – Kurfürst!«

»Rutsch mir den Buckel runter, Gabriel!« sagte der andere.

Es war der lange Bayer.

Augen mußte der haben! Er hatte mich längst erkannt und ließ die Knarre umgehängt. Auf seiner Wachrunde traf er jetzt auf mich.

»Mit wem hast du gesprochen, Gabriel?«

»Du hast 'n Vogel!« gab ich zurück.

»Da ist doch eben einer weggerannt!«

»Hau ab!« brummte ich.

»Für 'n Posten bist du reichlich nervös, Brielchen«, spottete der Lange.

Ich zitierte den Götz, und unsere Wege trennten sich. Ich atmete auf, als Bayer im Dunkel verschwand . . .

6.

Die Nacht vom 3. zum 4. Oktober 1944.

Nach der Wachablösung hatte ich mich in die Falle gehauen und vor dem Einschlafen noch etwas nachdenken wollen.

Über Schröder, Leutnant Vogt, Nullkommafünf und Nero.

Über Nero besonders.

Das Bild, das ich mir von ihm gemacht hatte, stimmte nicht mehr. Doch ich kam nicht weit, die Müdigkeit war stärker.

Ich schlief ein . . .

Ein greller Pfiff ließ mich in die Höhe fahren.

Was so ein richtiger Triller aus einer Trillerpfeife ist, weckt selbst Tote auf. Und Unteroffizier Haberzettel verfügte über eine bemerkenswerte Puste.

Im Schlafraum brannte das abgeschirmte Licht.

»Fliegeralarm!« brüllte Haberzettel. »Feldmarschmäßig raustreten – marsch, marsch!«

Da wurden auch die letzten hellwach.

Wir fuhren in die Klamotten, verhedderten uns und schafften es schließlich doch.

Haberzettel behielt die Nerven, als ginge es zu einer Übung. Er achtete darauf, daß alles exerziermäßig klappte. In voller Ordnung traten wir vor unserer Baracke an.

In der Flakstellung herrschte tolles Treiben. Es wirkte gespenstisch, da es ohne großen Lärm vor sich ging. Da und dort scholl ein halblautes Kommando, blitzte kurz ein Licht auf und erlosch. Die ›alten Hasen‹ wußten, was sie zu tun hatten.

Ich spürte ein komisches Gefühl im Magen, aber es kam alles anders, als ich es mir vorgestellt hatte. Keiner von uns durfte ans Geschütz. Sie trauten uns noch nicht.

»Ruhe bewahren!« befahl Haberzettel. »Alles hört auf mein Kommando!«

Wir standen stumm.

Der Wind trug das Heulen der Sirenen aus der Stadt herüber. Sonst war nichts zu hören und zu sehen.

Nullkommafünf war plötzlich da!

Er nickte Haberzettel zu und stellte sich an den linken Flügel neben Gerngroß, als gehöre er zu uns.

Dann war es mit der Stille vorbei.

Erst leise, dann immer deutlicher, bellten die Abschüsse schwerer Flak. Das Geschützfeuer näherte sich aus nordwestlicher Richtung. Von dorther mußten die Bomber anfliegen. Sie wurden zunächst von den Randbatterien empfangen und dann von den Geschützen angenommen, die zum Stadtkern hin gestaffelt standen.

Außer Haberzettel und Nullkommafünf kümmerte sich kein Mensch um uns. Einmal hörte ich Leutnant Vogt bei den Geschützen Kommandos geben.

Jetzt dröhnte das dumpfe Brummen auf!

Wir alle kannten es.

Amerikanische Viermotbomber!

Immer wütender feuerten die Flak-Geschütze. In die Detonationen der 8,8-Granaten tackten hart und trocken Maschinenwaffen: 2-cm-Flak und die Bordwaffen unserer Nachtjäger und des feindliches Jagdschutzes.

Im Nordwesten blitzte es auf. Scheinwerfer suchten den Himmel ab.

Dann war die Hölle los! Brüllende Donnerschläge ließen die Erde beben, wuchsen zu einem einzigen Inferno zusammen. Die Bomber hatten die Stadt erreicht und die Schächte geöffnet. Luftminen, Spreng- und Brandbomben heulten aus der Höhe herunter. Dann waren Heulen und Krachen eins . . .

Harte Kommandos bei den Geschützen!

»Volle Deckung!« schrie Haberzettel. »Rein in den Graben und Köpfe runter!«

Unweit von uns stachen Lichtkegel nach oben: die Scheinwerfer unserer Batterie.

Wir rumpelten in den Splittergraben und preßten uns gegen die Erde.

Von der Stadt dröhnte es heran! Auf dem Abflug zogen die Feindmaschinen über unsere Stellung hinweg.

Leutnant Vogts Stimme verriet keinerlei Erregung. Seine Kommandos klangen scharf, aber ruhig.

Zündereinstellung – Richtung . . . .

Ich preßte Augen, Nase und Mund gegen die Wand des Splittergrabens.

Das tiefe Dröhnen war jetzt überall.

»Batterie zwo – Feuer frei!« rief Leutnant Vogt.

Die Abschüsse ließen den Boden zittern.

Dann orgelte es aus der Höhe herunter, schlug in kurzer Entfernung vor uns im Wald ein, barst mit höllischem Lärm.

Zwei- – drei- – viermal!

Die Erde dröhnte, Bäume krachten zusammen; Steinbrocken, zerspellte Stämme und Äste wirbelten empor und klatschten dicht vor uns nieder.

Beim zweiten Geschütz schrie jemand auf.

Und weiter wuchs das Dröhnen, weiterhin feuerten sämtliche Geschütze unserer Batterien, bellten Kommandos.

Ich hatte nur kurz den Kopf gehoben und war sofort wieder in Deckung gegangen, als ein Steinbrocken vor mir einschlug und mir die Erde ins Gesicht spritzte.

Jetzt schüttelte mich die Angst. Obwohl ich nichts mehr sah, schloß ich die Augen.

Es war anders als im Luftschutzkeller – verteufelt anders! Ich lag unter freiem Himmel, und nur der blinde Zufall schützte mich. Keine Betondecke war über mir, nicht einmal ein lächerlicher Balken!

Das hatte ich natürlich schon vorher gewußt – doch zwischen Wissen und Erleben bestand ein verdammter Unterschied!

Zitternd wartete ich auf den nächsten Bombeneinschlag – er blieb aus.

»In Deckung bleiben!« schrie Unteroffizier Haberzettel.

Keine Sekunde zu früh!

Es heulte heran wie eine Kolonne Kübelwagen mit überdrehten Motoren.

Zwei – vier – fünf amerikanische Langstreckenjäger, die den Geleitschutz des Bomberpulks übernommen hatten!

In mörderischem Tempo fegten sie herunter und zischten wenige Meter über den Wipfeln der Bäume hinweg. Widerlich pfeifend spuckten die Geschosse aus ihren Bordkanonen und Maschinengewehren. Eine Garbe ließ die Erde dicht vor unserem Splittergraben aufspritzen.

Unsere 8,8 schwiegen.

Die Geschützbedienungen mußten zu Boden. Gegen Tiefflieger war die 8,8 machtlos.

Plötzlich gellte neben mir ein Schrei.

Obwohl mich das Grauen schüttelte, wandte ich den Kopf.

Es war hell um mich.

Der Wald brannte.

Die Amerikaner hatten Phosphor geworfen.

Ich sah den kleinen Gerngroß. Er stieß sich ab und wollte aus der Deckung springen. Er hatte durchgedreht.

»Bleib liegen, du Idiot!« brüllte Haberzettel, aber er lag zu weit von Gerngroß weg, als daß er ihn hätte zurückhalten können.

Von neuem stoben zwei Jäger heran.

Gerngroß mußte den Verstand verloren haben. Er schwang sich über den Rand des Grabens und rannte los! Knapp zwei Schritte hinter ihm fetzten die Einschläge in den Boden!

Ich war vor Entsetzen wie gelähmt und konnte nicht einmal mehr den Kopf einziehen. Aus weit aufgerissenen Augen starrte ich Gerngroß an.

Blitzschnell war alles gegangen, innerhalb weniger Augenblicke. Doch jetzt sprang eine zweite Gestalt über den Grabenrand. Nullkommafünf!

Mit einer Schnelligkeit, die ich ihm nie zugetraut hätte, warf er sich auf Gerngroß und riß den Verrückten zu Boden.

Der Kleine wehrte sich wie ein Rasender.

Da schlug Nullkommafünf zu.

Es war ein Kinnhaken nach Maß!

Gerngroß sackte zusammen und lag still.

Nullkommafünf riß ihn in die Höhe, schleifte ihn zum Splittergraben zurück und ließ sich mit dem Bewußtlosen hineinkugeln. Dann stockte mir abermals der Atem.

Das Heulen der Jäger verklang in der Ferne, dafür flog ein weiterer Bomberpulk an.

Unsere Flak feuerte wieder.

Genau an der Stelle, wo Nullkommafünf Gerngroß k. o. geboxt hatte, schlug die Bombe ein.

Erdbrocken krachten auf meinen Stahlhelm nieder.

Ich hörte, daß Unteroffizier Haberzettel und Nullkommafünf etwas schrien, aber ich bekam den Sinn nicht mit.

Ein zweiter Bombeneinschlag in unserem Rücken und die Detonation einer Flakgranate, der ein schepperndes Krachen folgte, setzten den Schlußpunkt. Dann war der Spuk vorüber.

Eine kurze Zeitspanne bildete das Prasseln der Flammen das einzige Geräusch, dann wurde es in der Stellung erst richtig lebendig.

Die Feuerlöschtrupps begannen ihre Arbeit, Sanitäter sprangen an die Geschütze. Befehle schollen, und da, wohin der Brand nicht leuchtete, tasteten die Lichtkegel von Handscheinwerfern und Stablampen den Boden ab.

Wir hockten im Graben und wagten nicht, ihn zu verlassen.

Gerngroß lag noch immer ohne Bewußtsein. Nullkommafünf strich ihm übers Gesicht.

»Geht schlafen, Jungen!« sagte Unteroffizier Haberzettel. »Fürs erste reicht's. Hier draußen werden wir ohne euch fertig.«

Mir war, als hätte ich Blei in den Gliedern. Ich mußte mich anstrengen, um über den Grabenrand zu kriechen.

Zwei Sanitäter trugen einen Verwundeten vorüber und verschwanden mit ihm im Bunker. Dort wartete der Assistenzarzt. Kurz darauf brachten zwei andere den Gefreiten Wittmann. Mit dem brauchte sich der Doktor nicht mehr zu beschäftigen.

Wittmann war tot.

Eine MG-Garbe hatte ihn getroffen.

Sein Traum, an die Front zu kommen, war ausgeträumt ...

Wir schleppten uns in die Baracke und warfen uns auf die Klappen. Nullkommafünf kam mit, er kümmerte sich weiterhin um Gerngroß.

»Wo ist Nero geblieben?« fragte der lange Bayer nach einer Weile.

Nullkommafünf rügte den Spitznamen nicht.

»Der Herr Oberstudienrat wurde im Bunker gebraucht«, erklärte er ohne jede Spur von Spott.

Ich schielte zu Schröder. Der lag auf seinem Bett und kaute an den Fingernägeln. Er schien mit seinen Gedanken weit weg zu sein.

Walter Müller lag in der Falle über mir. Er beugte sich zu mir herunter und fragte stockend: »Glaubst du, daß sie – durchgekommen sind, Gabriel?«

»Wer, Walter?«

»Deine Mutter, meine und – Karin!«

Ich schluckte. »Sie waren bestimmt im Keller, Walter. Die Decken halten eine Menge aus.«

»Vielleicht haben sie unser Viertel auch diesmal verschont, meinst du nicht auch?«

Was sollte ich darauf erwidern? Ich schwieg.

»Armer Teufel!« murmelte Walter.

»Wer?«

»Wittmann!«

Walter zog den Kopf zurück und atmete schwer.

Gerngroß erwachte aus seiner Ohnmacht, und Nullkommafünf erhob sich. Den Dank des Kleinen tat er mit einer Handbewegung ab. »Mach's gut!« sagte er und ging.

Eine halbe Stunde später ließ sich Unteroffizier Haberzettel sehen.

»Ich nehme an, daß keiner von euch schläft«, sagte er ins Dunkel. »Will euch schnell Bescheid stoßen, was hier passiert ist. Drei Verwundete, die der Doktor durchzubringen hofft. Wittmann gefallen. An zwei Geschützen kleine Schäden, die bis morgen behoben sein werden. Brand unter Kontrolle. Baracken wurden nicht getroffen. Ein Feindbomber von Batterie drei abgeschossen – mit der letzten Granate, die abgefeuert wurde. Was in der Stadt los ist, werden wir morgen erfahren. Macht euch keine Sorgen, der Alarm kam so zeitig, daß alle die Schutzräume aufsuchen konnten.«

Dann trat er zu Gerngroß.

»Die Nerven verloren, was?«

Der Kleine gab keine Antwort.

»Bedank dich bei deinem Lehrer«, fuhr Haberzettel fort, »und das nächstemal benimmst du dich gefälligst vernünftig!«

»Jawoll, Herr Unteroffizier«, antwortete Gerngroß schwach, »Na, dann gute Nacht miteinander!«

»Gute Nacht, Herr Unteroffizier!«

Haberzettel ging nicht zu Bett. Er eilte ins Freie, um sich dort nützlich zu machen . . .

Wecken um sechs Uhr früh.

Wir sprangen aus den Betten. Nur der lange Bayer trödelte. Er hatte tatsächlich schlafen können!

Waschen – Essen – Antreten . . .

Der Frühsport fiel diesmal aus.

Der Waldbrand war gelöscht, und uns Flakhelfern blieb es überlassen, die letzten Spuren des Angriffs zu beseitigen. Wir füllten die Bombentrichter auf, räumten die Äste beiseite und schaufelten Erde und Schutt aus den Splittergräben.

Unteroffizier Haberzettel und Nullkommafünf schufteten mit. Plötzlich war auch Nero da. Diesmal trug er Zivil.

»Immer tüchtig zugegriffen, Männer!« ermunterte er uns. »Zeigt euch, mir und der Welt, daß ihr euch nicht unterkriegen laßt!«

Unteroffizier Haberzettel knurrte etwas, das sich wie ›Drückeberger‹ anhörte.

Wenn Nero es gehört hatte, verstand er es meisterhaft, sich zu beherrschen.

»Ich wäre heute nacht gern an eurer Seite gestanden, Flakhelfer, aber ich wurde im Gefechtsstand gebraucht!«

»Im Bunker, Herr Oberstudienrat?« fragte der lange Bayer unschuldig.

Neros Gesicht glich einer überreifen Tomate. »Weitermachen!« bellte er und hatte es plötzlich eilig, wegzukommen.

Unteroffizier Haberzettel feixte, doch Nullkommafünf meinte: »Wissen Sie, was ein Diplomat ist, Bayer?«

»Ich denke schon, Herr Doktor.«

»Schön«, fuhr Nullkommafünf fort, »ein Diplomat sind Sie nicht, mein Lieber! Ich würde Ihnen raten, die Zunge besser im Zaum zu halten – Ihretwegen!«

Bayer stieß den Spaten in den Boden. »Bis gestern abend war ich der Meinung, daß ein Politischer Leiter im Augenblick der Gefahr selbstverständlich dorthin gehört, wo's knallt.«

»Selbstverständlich«, nickte Nullkommafünf. So, wie er es sagte, drückte es das Gegenteil aus.

Ich sah Schröder an. Der schlug die Augen nieder und begann wie ein Wilder zu schaufeln . . .

Eine Viertelstunde später erschien Leutnant Vogt.

»Alle herhören!«

Er brachte Nachrichten aus der Stadt. Weiß der Teufel, woher er sie bezogen hatte.

Das Gelände um den Hauptbahnhof war schwer mitgenommen, dazu hatte es einige Bezirke der Altstadt getroffen. Das Viertel, in dem unser Haus stand, war verschont geblieben.

Ich atmete auf. Mama war nichts passiert!

Walter Müller blickte zu mir herüber. Er lächelte.

Die Besatzung des Bombers, der von unserer Batterie abgeschossen worden war, konnte nicht identifiziert werden. Keiner war ausgestiegen, und jetzt waren sie eins mit den Trümmern der Maschine.

Gegen Mittag wurden wir mit der Arbeit fertig und nahmen an der Beerdigung des Gefreiten Wittmann teil.

Oberleutnant Vollmer sprach einen Nachruf, dann fielen die Erdschollen. Der Gefreite Heller stieß ein Birkenkreuz in den Grabhügel und setzte Wittmanns Stahlhelm auf den Längsbalken. Das Grab lag in der Nähe des Geschützes, an dem Wittmann gefallen war.

Am Nachmittag fiel Latein aus, ebenso Mathematik. Das andere war jetzt wichtiger. Unteroffizier Haberzettel exerzierte mit uns Gefechtsausbildung durch, dann drillte uns Leutnant Vogt am Geschütz.

Hinterher folgte der ›Spezialdienst‹ der einzelnen Gruppen: Gerngroß und Hauschild: Telefonausbildung; Thumser und Huber: Schulung am Fernmeßgerät; Müller und Schneider: Horchgerät; Schröder, Braun und Schmidt: Bedienung der Scheinwerfer; Bayer, Korner und ich: besonderer Schliff als Ladekanoniere.

Wieder war Nullkommafünf da. Er ließ sich als Richtkanonier ausbilden.

Alle Achtung!

Nero inspizierte bald die eine, bald die andere Gruppe, lobte da, wo es seiner Meinung nach klappte, und tadelte, wo sich einer ungeschickt anstellte.

Unsere Ausbilder warfen ihm böse Blicke nach, wenn er ging.

»Der könnte sich anders nützlich machen als durch Herumschnüffeln in Dingen, von denen er nichts versteht!« brummte der Gefreite Heller neben mir.

Ich lernte etwas völlig Neues kennen: Eine braune Uniform mußte nicht unbedingt die Gewähr dafür bieten, daß ihr Träger ein wirklicher Kämpfer für Volk und Vaterland war!

Am Abend las ich den Wehrmachtbericht. Er hing am Schwarzen Brett im Unterrichtsraum.

Eigentlich müßte sich der Führer mit dem Einsatz der Wunderwaffe beeilen! Besonders die Russen im Osten gewannen Gelände!

Über den Angriff auf unsere Stadt berichtete ein einziger Satz: »Es entstanden Schäden in Wohngebieten.«

Walter Müller tippte mir auf die Schulter. »Scheußlich, Gabriel, was? – Wohngebiete: das sind Frauen und Kinder, alte Männer und Verwundete in Lazaretten!«

»Der Führer wird die Wunderwaffe einsetzen!« gab ich zurück.

»Hoffentlich bald!« erwiderte Walter. »Ich möchte es erleben. Auf der Erde, Gabriel, nicht wie Wittmann darunter!«

Als wir zum Abendessen gingen, wurden die Verwundeten weggebracht. Sie sollten in ein Lazarett gefahren werden.

Einer, den es nicht so schwer erwischt hatte, grinste: »Es geht ab zu Muttern! Für den Oberkanonier Jokisch ist der Dreckskrieg vorbei.« Er sagte es richtig vergnügt.

Ich hatte Angst davor, verwundet zu werden, aber ich wollte mich nicht verkriechen, wenn wieder einmal die Hölle los war.

Ich trug eine blaugraue Uniform und fühlte nicht nur die Angst, sondern auch die Verpflichtung.

Ich wollte kein Nero sein.

Blaugrau war stärker als Braun!

Das Essen schmeckte schal, obwohl der lange Bayer behauptete, es sei gründlich versalzen ...

7

Dem Angriff, der Wittmann das Leben gekostet hatte, folgten ein paar ruhige Tage und stille Nächte.

Die ruhigen Tage bedeuteten nicht, daß wir auf der faulen Haut liegen durften. In der Großbatterie war immer Betrieb. Ausbildung an Geräten und Geschützen – militärischer Unterricht – Geländedienst – Schulunterricht – Karabiner-, MG- und Pistolenschießen – Ausbildung – Unterricht – Ausbildung . . .

Mit Oberleutnant Vollmer hatten wir nach wie vor wenig Kontakt. Wir sahen ihn hin und wieder beim Antreten. Er nahm die Meldung entgegen, dankte, grüßte, und wir antworteten. Das war alles.

Leutnant Vogt erwies sich als korrekter Vorgesetzter; Unteroffizier Haberzettel als Rauhbein, der uns zwar nichts schenkte, aber auch nicht schikanierte. Wenn Nero auftauchte, verzog Haberzettel das Gesicht; mit Nullkommafünf schien er sich zu verstehen. Ich sah die beiden oft zusammen.

Nero war ein Kapitel für sich.

»Ich glaube, er ist nur deshalb zu uns in die Stellung gekommen, weil er sich bei Gefahr im Gefechtsbunker sicherer fühlt als zu Hause im Luftschutzkeller«, behauptete Barbarossa.

Ich widersprach nicht. Vielleicht war es einer von Neros Beweggründen. Den anderen wußte ich von Schröder.

Schröder blieb isoliert. Die anderen legten ihm seit der Keilerei nichts mehr in den Weg, aber sie schnitten ihn. Ich wechselte mit ihm hin und wieder ein paar Worte, aber näher kam ich ihm nicht. Um so öfter steckte ich mit Walter Müller und Otto Thumser zusammen. Wir wälzten keine weltbewegenden Probleme, aber wir verstanden einander.

Über Nero waren wir uns einig. Seit dem Angriff bedeutete er kein Vorbild mehr für uns, selbst wenn er in Latein noch so viel loshatte.

Unter den alten Soldaten gab es Überzeugte aller Schattierungen, Gleichgültige, Abgestumpfte und – Meckerer. Die nahmen sich vor uns Flakhelfern besonders zusammen, aber ich konnte hin und wieder Worte aufschnappen, die mich erschrecken ließen. Ich hätte diese Leute melden müssen.

Dann dachte ich an Schröder und Nero und ließ es bleiben.

Beim Angriff hatten alle ihren Mann gestanden!

Wir waren eine große Familie, die aus artigen, Durchschnitts- und ungeratenen Kindern bestand. (Diese Weisheit hatte Unteroffizier Haberzettel verzapft; ich fand sie treffend.) Und wie eine Familie hielten wir zusammen, wenn es darauf ankam.

»Wir zeigen dem gemeinsamen Feind die Zähne, selbst wenn wir Vater zum Teufel wünschen!« So ein Wachtmeister der dritten Batterie, als er mit einem Wachtmeister der ersten Streit kriegte. Wen er mit ›Vater‹ meinte, war mir klar.

Unser Bannführer – und erst recht Nero! – würden diesen Mann als Volksschädling oder gar Verräter bezeichnen!

Der Wachtmeister trug das EK I und II und das Verwundetenabzeichen in Silber. Er hatte eine Frau und drei Kinder zu Hause, irgendwo im Ruhrgebiet.

Vielleicht sah ich zu schwarz. Am Ende meinte er mit ›Vater‹ den Krieg? Natürlich! Daß ich nicht daraufgekommen war!

Hier durfte man ein Wort nicht auf die Goldwaage legen. Soldaten redeten eine rauhe Sprache. Da flogen Ausdrücke, die meine Mutter einer Ohnmacht nahegebracht hätten; und manche brüsteten sich mit Erlebnissen . . .

Laut Wehrmachtbericht bombardierten amerikanische und britische Kampfflugzeuge in diesen Tagen München, Münster, Köln, Dortmund, Koblenz, Wilhelmshaven, Berlin, Hamburg, Stralsund, Stettin und Orte in Schlesien.

Leutnant Vogt und Unteroffizier Haberzettel übten Probealarme mit uns.

Besonderes Gewicht legten sie auf unsere Ausbildung am MG. »Ein guter Schütze mit Mumm in den Knochen holt von drei tieffliegenden Jagdbombern zwei herunter«, behauptete Vogt.

Dann kam die Sache mit Gerngroß.

Es war an einem Abend, Mitte Oktober, kurz vor dem Essen. Leutnant Vogt holte den Kleinen weg. Ich sah den beiden nach und beobachtete, wie sie in der Offiziersbaracke verschwanden. Beim Essen war Gerngroß noch nicht zurück.

Wir stellten alle möglichen Vermutungen an und wurden nur in dem einen Punkt einig: Etwas Gutes kann es nicht sein. Leutnant Vogt hat zu ernst ausgesehen!

Erst nach dem Essen kam Gerngroß wieder. Nullkommafünf begleitete ihn.

Wir Flakhelfer waren allein auf der Stube. Unteroffizier Haberzettel saß in der Nachbarbaracke beim Skat.

Gerngroß war bleich wie der Tod. »Leg dich hin«, sagte Nullkommafünf leise. »Morgen früh fahren wir zusammen, ja?«

Gerngroß nickte schwach. »Danke, Herr Doktor.« Er warf sich aufs Bett und hielt die Hände vors Gesicht.

Nullkommafünf wandte sich an uns. »Laßt ihn in Ruhe! Er hat's nötig.« Er nickte uns zu und ging.

Seine Mahnung hielt unsere Fragen zurück. Wir saßen stumm und starrten den Kleinen an. Wie er dalag, sah er zum Erbarmen aus: die Hände vor die Augen gepreßt, hin und wieder geschüttelt, als würgte ihn lautloses Schluchzen.

Die Stille drückte.

Nur um sie zu brechen, sagte ich, was mir gerade einfiel: »Was meint ihr, wie die Wunderwaffe aussehen wird?«

Da fuhr Gerngroß auf!

So heftig, daß er mit dem Kopf gegen die Bettkante über ihm stieß. Er schien es nicht zu spüren. Mit zwei Schritten stand er bei uns am Tisch. Seine Augen waren gerötet.

»Mensch, Briel«, schrie er mich an, »bist du wirklich so blöd, oder willst du uns auf den Arm nehmen?!«

So wütend hatten wir ihn noch nie gesehen. Selbst dem langen Bayer verschlug es die Sprache.

Was hatte den stillen Kleinen, der sonst jeder Auseinandersetzung aus dem Weg gegangen war, derart verwandelt? Er gab die Antwort, ohne daß jemand gefragt hatte.

»Wunderwaffe! Daß ich nicht lache! Die Wunderwaffe sind wir, hört ihr?! Wir, die Flakhelfer, und seit einigen Wochen die RAD-Mädchen, die sie in andere Batterien geholt haben! Wunderwaffe! Mit so was lockst du keinen Pimpf mehr aus dem Häuschen, der auch nur ein bißchen Grips im Schädel hat, Briel! Wo sollten sie denn das sagenhafte Ding aufstellen, ohne daß die Engländer und Amerikaner schon die Vorbereitungen mit ihren Luftminen zudecken, he?!«

Ich erschrak. Gerngroß hatte noch nie schwarz gesehen, und jetzt redete er wie diejenigen, die Nero als ›Miesmacher‹, ›Feiglinge‹ und ›Verräter‹ bezeichnete!

Der Kleine mußte verrückt geworden sein!

Natürlich hatte er unrecht!

»Was ist los mit dir Gerngroß?« fragte Josef Schneider und legte ihm die Hand auf die Schulter.

Der Kleine schüttelte sie ab. Seine Augen blitzten.

»Keine Angst«, stieß er hervor, »ich hab keinen Dachschaden! Ich werde auch nicht mehr durchdrehen, wenn's kracht. Aber ich halte dann nicht für die Scharfmacher aus, die Heldentum predigen und sich verkriechen, wenn sie die Gelegenheit hätten, Helden zu spielen! Es gibt 'ne ganze Menge Neros! Für die hält Gerngroß nicht den Schädel hin, für die nicht! Nur für die Frauen und Kinder und die alten Männer in der Stadt, die im Keller hocken und um ihr Leben zittern. Mit jedem Bomber, den wir abschießen helfen, retten wir einige von ihnen – vielleicht. Die anderen soll der Teufel holen!«

Wir starrten den Kleinen an, als sei er ein Gespenst.

Gerngroß lachte grimmig, während ihm schon die Tränen in die Augen stiegen.

»Noch heute früh war ich genauso vernagelt wie ihr – ach was, ich war's noch, bis der Leutnant mich holte. Und jetzt hört gut zu! Gestern abend ist meine Mutter, als sie aus der Munitionsfabrik nach Hause ging, von einem krepierenden Blindgänger zerfetzt worden. Niemand weiß, warum die Bombe nicht früher gefunden worden war und warum sie ausgerechnet in dem Augenblick explodierte, als meine Mutter vorbeiging! Leutnant Vogt erfuhr es von einem Wachtmeister, der aus der Stadt zurückkam. Deshalb mußte ich in die Offiziersbaracke. Morgen habe ich Stadturlaub, da wird meine Mutter beerdigt. Nullkommafünf und Nero waren auch dabei, als Vogt es mir sagte. Der Leutnant und Nullkommafünf benahmen sich großartig. Sie machten keine großen Worte und drückten mir die Hand. Aber Nero . . .«

Die Stimme des Kleinen überschlug sich.

»Nero hielt eine Rede! – Von stolzer Trauer, Zähnezusammenbeißen, und daß es auch für die deutsche Frau eine Ehre sei, im Schicksalskampf des Volkes ihr Leben opfern zu dürfen! – Das wär's, und vielleicht begreift ihr mich jetzt! Ich hasse die Mörder am Steuerknüppel – und die, die uns die Suppe eingebrockt haben!«

Dann war es mit dem Zorn des Kleinen vorbei.

Gerngroß warf sich auf sein Bett und schluchzte wie ein Kind. Otto Thumser ging zu ihm und strich ihm übers Haar. Gerngroß wehrte sich nicht dagegen.

Schröder verließ die Stube!

Da sah ich rot.

Ich eilte ihm nach und packte ihn, keine fünf Schritte vor der Baracke, beim Kragen.

»Hör gut zu, Schröder!« keuchte ich. »Wenn einer plötzlich die Mutter verliert, kann es ihn so durcheinanderschütteln, daß er nicht weiß, was er redet! Natürlich hat Gerngroß unrecht; es wäre furchtbar, wenn er recht behielte! Aber wenn du ihn bei Nero verpfeifst, brechen wir dir sämtliche Knochen!«

Schröder stieß mich zurück. Seine Stimme zitterte.

»Daß du mich für ein so großes Schwein hältst, Briel, hätte ich dir nicht zugetraut! Ich will nicht zu Nero, ich will allein sein. Ich muß nachdenken, Briel, falls du weißt, was das ist! Ich werde auch Vogt und Nullkommafünf nicht verpfeifen, wenn ihnen mal ein unrechtes Wort entschlüpfen sollte. Und jetzt laß mich in Ruhe!«

»Entschuldige, Schröder!« murmelte ich beschämt und streckte ihm die Hand entgegen.

Er übersah sie, ließ mich stehen und ging langsam dem Wald zu. Ich hörte noch, wie er vor sich hinsprach: »Eine Ehre für die deutsche Frau – pfui Teufel!«

*

Ein Schrei läßt mich auffahren.

»Papa! – Papaaa!!«

Er kommt aus dem Kinderzimmer.

Klaus!

Die Erinnerung an die Zeit vor achtundzwanzig Jahren ist weggewischt.

»Papaaa!!«

Die Stimme überschlägt sich.

»Ich komme, Klaus!« schreie ich zurück.

Im Dunkel ecke ich am Ofen an, bevor ich die Türklinke zu fassen bekomme. Im Gang ist es hell. Marianne hat den Schrei ebenfalls gehört, ist aus dem Schlafzimmer gestürzt und hat das Licht angeknipst. Wir eilen ins Kinderzimmer.

Klaus stöhnt, aber er hält die Augen geschlossen, als Marianne Licht macht. Sein Gesicht ist schweißbedeckt. Er wirft sich von einer Seite auf die andere.

»Er träumt«, sage ich heiser, »wir müssen ihn wecken.«

Marianne schüttelt den Kopf. Sie beugt sich über den Jungen und legt ihm die Hand auf die Stirn.

»Kein Fieber, Gustav.«

Klaus liegt augenblicklich ruhig, seine Züge entspannen sich. Er beginnt jedoch sofort wieder zu stöhnen, als meine Frau die Hand wegnimmt.

»Laß mich, Marianne!« sage ich. »Du brauchst deine Ruhe, und ich kann sowieso nicht schlafen. Außerdem hat er nach mir gerufen.«

Meine Frau widerspricht nicht.

Mit meinem Taschentuch trockne ich Klaus den Schweiß ab, denn lege ich ihm die Hand auf den Kopf.

Der Junge liegt still.

Was gäbe ich darum, wenn ich jetzt so neben Engelbert sitzen dürfte, und jemand sagte: ›Kein Fieber – nur ein Traum!‹ Aber dann läge vielleicht Klaus . . .

Nein, nicht weiterdenken! Es wäre zu schrecklich!

Ich muß dem eigenen Sohn zuliebe dankbar sein, während mir die Angst um den anderen die Kehle zuschnürt!

»Morgen früh besuchen wir Engelbert«, sagt Marianne.

Sie steht schon unter der Tür und lächelt mir zu. Es ist ein gutes, mütterliches Lächeln, vertrauensvoll und tröstlich.

Ihre Ruhe möchte ich haben! Oder sollte ich besser sagen: ihren Glauben?

Im selben Augenblick, als meine Frau die Hand vom Lichtschalter hebt, spüre ich ein Stechen in der Schläfe. Mariannes Gesicht verschwimmt, doch aus dem Dunkel, das mich umgibt, taucht ein anderes auf: das Gesicht meiner Mutter. Ich sehe es deutlich, es nickt mir zu und lächelt.

Mütterlich, vertrauensvoll und tröstend.

Ich, der Flakhelfer Gustav Adolf Briel, sechzehn Jahre und ein paar Monate alt, bin zu Hause.

8.

Mitte Oktober 1944.

Wochenendurlaub bis Sonntagnachmittag!

Urlaub in Uniform!

Diesmal waren der lange Bayer, Bubi und ich dran.

Es sollte ein Fest werden! Ich freute mich auf das Wiedersehen mit Mama und auf ihre erstaunten Augen. Ich kam nicht mit leeren Händen!

Als Soldaten wurden wir mit Leckerbissen nicht gerade verwöhnt, aber wir hatten genug zu essen. Keiner war auf Lebensmittelmarken angewiesen.

Ich hatte mir einiges abgespart. Für das Fest mit Mama.

Ein ganzes Brot; eine Büchse, die zur Hälfte mit Marmelade gefüllt war; und – darauf war ich am meisten stolz – zwei Rippen Schokolade! Außerdem hatte ich zwei Päckchen Zigaretten organisiert; Mama konnte sie gegen Lebensmittel eintauschen.

Am Samstag, zwei Stunden vor Mittag, fuhren wir los. Gefreiter Hahn von unserer Batterie steuerte den LKW, Gefreiter Schmoll machte den Beifahrer. Mit dem langen Bayer, Hauschild und mir saß der Gefreite Heller auf der offenen Ladefläche. Er war Schütze I an dem Zwillings-MG, das auf beweglicher Lafette montiert war. Zum Schützen II hatte Leutnant Vogt mich bestimmt. Ich war für die Zuführung der Patronen verantwortlich. Wir gaben uns sorglos, und es ging auch glatt.

Kein Flugzeug zeigte sich am Himmel.

In der Nähe unserer Schule saßen Bayer, Bubi und ich ab. Die Gefreiten fuhren weiter, um Munition zu laden. Am Sonntagnachmittag, Punkt sechzehn Uhr, würden sie uns von der Schule wieder abholen.

Der Lange, Bubi und ich zockelten los.

Mein Weg war der kürzeste.

Ich atmete auf, als ich sah, daß unser Viertel auch während des letzten Fliegerangriffs verschont geblieben war. Die Häuser standen wie vordem, und daß da und dort einige Fenster Pappdeckel- statt Glasscheiben aufwiesen, war nichts Besonderes. Der Luftdruck der Explosionen hatte auf weite Entfernung gewirkt, und Glas war Mangelware.

Mama umarmte mich, als hätten wir einander eine Ewigkeit nicht gesehen. Erst vor einer Viertelstunde war sie aus dem Munitionsbetrieb, in dem sie seit Monaten als Dienstverpflichtete arbeiten mußte, nach Hause gekommen.

Dann war alles so, als ob es keinen Flakhelfer Briel gäbe. Ich war Mamas Junge und fühlte mich daheim.

Mama klagte nicht. Sie freute sich über die Geschenke, die ich mitgebracht hatte, erkundigte sich jedoch besorgt, ob ich sie mir auch wirklich nicht vom Mund abgespart hätte. Sie trauerte dem ›entbehrlichen‹ Schrank nicht nach, den sie zusammengehackt hatte und nun als Feuerholz verwendete.

Als ob wir es so verabredet hätten, sprachen wir nicht vom Krieg. Ich wollte Mama nicht mit dem belasten, was mir das Herz schwer machte. Wittmann, Nero und Gerngroß waren ›weit‹ entfernt. Sie sollten es – wenigstens fürs erste – bleiben. Papa hatte noch nicht geschrieben.

»Bei diesen Entfernungen kann ein Brief wochenlang unterwegs sein«, tröstete ich.

»Oder verlorengehen«, meinte Mama. »Hoffen wir das Beste!«

Sie verstellte sich; ich fühlte, daß sie sich Sorgen machte; und wie ich sie so beobachtete, ging es mir nicht anders ...

Das Essen schmeckte, obwohl Mama nur ›Vegetarisches‹ vorsetzen konnte: Kartoffeln und Kraut. Ihre Fleischmarken waren zur Neige gegangen.

Zum Nachtisch aßen wir Marmeladebrot. Wir störten uns nicht daran, daß die Marmelade mit Rübenauszug gestreckt war. Selbst hartes Trockenbrot hätte ich mit dem größten Appetit gegessen. Flakhelfer Briel schämte sich nicht, daß er sich ›bei Muttern‹ wohl und geborgen fühlte.

Am Nachmittag wollte ich einige Bekannte besuchen, natürlich mit Mama zusammen. Sie hatte ein Recht darauf, bei mir zu sein. »Können wir auf einen Sprung zu Beckers gehen?« fragte ich. Dabei dachte ich weniger an Herrn und Frau Becker als an ihren Foxterrier Fiffi. Beckers waren mit meinen Eltern befreundet, hatten uns oft besucht; und ich hatte Fiffi eine Menge Kunststücke beigebracht. Beckers wohnten im Nachbarviertel, knapp zwanzig Minuten von uns entfernt.

Mama schüttelte den Kopf. »Ausgebombt, sie sind aufs Land zu Verwandten gezogen.«

»Un – unverletzt?« stotterte ich.

Mama nickte. »Gottlob ja. Das Leben und einige wichtige Papiere im Luftschutzkoffer sind so ziemlich alles, was sie retten konnten. Fiffi war während des Angriffs unterwegs, er ist nicht zurückgekommen.«

»Und – Franks?«

Ein altes Ehepaar, an dem ich hing, weil mir die netten Leutchen manchmal etwas Gutes zugesteckt hatten, wenn ich zum Handballspielen gelaufen war.

»Tot«, sagte Mama. »Sie waren mit anderen im Luftschutz-keller, und eine Mine traf die Decke. Sie brach ein. Keiner kam davon.«

Ich schluckte.

»Vielleicht könnten wir zu – Behrendts gehen?« Adolf Beh-rendt war zwei Jahre jünger als ich und hatte nur die Volks-schule besucht, aber ich war mit ihm befreundet. Wir hatten des öfteren Briefmarken getauscht.

Mama wehrte ab. »Lieber nicht, Gustav. Frau Behrendt dürf-te kaum zu Hause sein. Adolf liegt im Krankenhaus. Er hat sich üble Verbrennungen zugezogen, als er nach dem Angriff löschen half. – Sie hatten Phosphorbomben geworfen. – Frau Behrendt besucht ihren Jungen, so oft sie kann. Seit ihr Mann gefallen ist . . .«

Ich zuckte zusammen.

»Gefallen?!«

»Ja, Gustav. Frau Behrendt erfuhr es vor einigen Tagen.«

»Familie Brunner, Mama?«

»Ausgebombt.«

»Krügers?«

»Ausgebombt.«

»Die alte Frau Maier, mit der ich manchmal einkaufen ging?«

»Sie hörte in letzter Zeit fast nichts mehr, Gustav, und wurde zu spät auf den Alarm aufmerksam. Dann trugen sie ihre Bei-ne nicht so schnell, wie es nötig gewesen wäre.«

»Tot?«

Mama nickte.

»Müllers!« fuhr ich hastig fort und fühlte, wie ich rot wurde. »Ihr Haus steht, ich bin daran vorbeigekommen. Walter hat mir Grüße aufgetragen.«

»Als ich von der Arbeit nach Hause ging, traf ich Walters Mutter und seine Schwester. Frau Müller sagte, sie wolle Ka-rin zu den Großeltern aufs Land bringen.«

Da gab ich auf.

Mama legte mir die Hand auf den Arm. »Es hat sich einiges verändert, seitdem du weg bist, Gustav – leider nicht zum Besseren.«

Ich kniff die Daumen ein.

»Es wird nicht mehr lange dauern, Mama!«

»Bis alles kaputt ist, Gustav?«

Ich sah sie erschrocken an, und auf einmal fielen mir die Falten in ihrem Gesicht auf. Mama war alt geworden! Alt und müde – lange vor der Zeit.

Ich empfand Mitleid mit ihr und bezwang meinen Zorn. So ruhig, wie es mir möglich war, erwiderte ich: »Überall im Reich werden junge Leute wie wir zur Heimatverteidigung eingezogen. Wir machen erprobte Soldaten für den Fronteinsatz frei. Das wird der Feind zu spüren bekommen! Und wenn der Führer den Befehl zum Einsatz der Wunderwaffe gibt . . .«

Mama unterbrach mich. »Ich hätte geglaubt, daß du über das Märchenalter hinaus bist, Gustav!«

»Mama!«

»Ist doch wahr! Die Engländer und Amerikaner beherrschen den gesamten Luftraum über dem Reichsgebiet, und es gibt kaum eine größere Stadt, auf die nicht Bomben gefallen wären! Die anderen schaffen immer neue Reserven heran, während unsere zu Ende gehen!«

»Unsere V 1 und V 2 fliegen pausenlos nach London!« triumphierte ich.

»London ist nicht England und erst recht nicht Amerika, Gustav! – Du hörst doch den Wehrmachtbericht?«

»Natürlich, Mama, in unserem Aufenthaltsraum steht ein Radio.«

»Dann wirst du zugeben müssen, daß der Ring um Deutschland von Tag zu Tag enger wird. Die wenigen Vorstöße, die uns noch gelingen, sind nicht mehr als Prestigeerfolge, die die Zahl der Opfer, die sie kosten, nicht rechtfertigen!«

Wir hatten nicht vom Krieg sprechen wollen und redeten jetzt doch darüber.

»Was willst du eigentlich, Mama?« fragte ich unwillig. Ich wollte nicht wahrhaben, daß sie mich in die Verteidigung drängte.

»Dir die Augen öffnen, mein Junge!«

»Ich bin nicht blind, Mama!«

»Du trägst Scheuklappen, Gustav, das ist genauso schlimm!«

»Du redest wie Gerngroß!« begehrte ich auf. »Aber du wirst ebensowenig recht behalten wie er!«

»Was war mit Gerngroß, Gustav?«

Ich erzählte es widerwillig.

Als ich geendet hatte, sah Mama mich lange an, dann fragte sie: »Warum hast du ihn nicht gemeldet?«

»Keiner von uns hat ihn gemeldet!« erwiderte ich erregt. »Wir wollen doch nicht daran schuld sein, daß er ...« Ich stockte.

»... daß er was, Gustav?!«

»... daß er – Unannehmlichkeiten bekommt«, sagte ich ärgerlich.

»Unannehmlichkeiten!« Mama lachte bitter. Plötzlich erhob sie sich, nahm den Mantel aus dem Schrank und sagte: »Komm!«

»Wohin, Mama?«

»Wir machen einen Spaziergang durch die Stadt, Gustav. Es gibt eine Menge Neues zu sehen.«

Ich war froh, daß sie das Gespräch, das mir auf die Nerven ging, abbrach. »Einverstanden!«

Ich zog den Mantel an und schnallte das Koppel um. Dann half ich Mama. Ihr Mantel war fadenscheinig geworden. Spinnstoffe galten längst als Mangelware.

Und der Winter stand vor der Tür!

»Wenn ich einmal ein großes Tier geworden bin, kaufe ich dir einen Pelz, Mama«, sagte ich gewollt scherzhaft, »einen Persianer oder einen Nerz!«

»Wir wollen keine Zeit verlieren, Junge, komm!«

Die Straßenbahnhaltestelle lag nur wenige Meter von unserem Haus entfernt. Es beruhigte mich, daß die Straßenbahn noch fuhr. Ihr Rattern bedeutete Leben. Von einer toten Stadt konnte keine Rede sein!

Die beiden Wagen waren bereits besetzt, doch mit Drängen und Schieben bekamen wir noch zwei Stehplätze. Eine ältere Schaffnerin zwängte sich zu uns durch und gab uns die Fahrscheine. Sie machte ein mürrisches Gesicht.

Vor mir saß ein Mann, der einen Krückstock auf den Knien hielt. »Es ist eine Schande!« brummte er mit einem nicht mißzuverstehenden Blick auf mich. »Jetzt halten sie schon Grünschnäbel für erwachsen genug, fürs Vaterland ins Gras zu beißen! Bald werden sie die Krüppel holen!«

Auf einmal wurde es still im Wagen. Das Rattern der Räder klang überlaut.

»Und Sie wollen ein Deutscher sein?!« rief eine jüngere Frau spitz.

Der Mann mit dem Krückstock nickte ihr zu. »Mein Jüngster war siebzehn und Flakhelfer wie der da. Beim letzten Angriff hat's ihn erwischt. Das linke Bein und den rechten Fuß amputiert, Volksgenossin, und mein Bein ist in Rußland steif geworden. Wollen Sie meinen Ausweis sehen, damit Sie mich anzeigen können?«

Die Frau sagte nichts mehr.

In der anderen Ecke erzählte jemand einen uralten Witz, und ein paar Leute lachten krampfhaft. An der nächsten Haltestelle stieg die Frau aus.

Mama sprach kein Wort. Sie überließ mich meinen Gedanken. An der übernächsten Haltestelle stiegen ein Scharführer und ein Unterscharführer der Waffen-SS zu, und wieder wurde es für eine Weile still im Wagen. Nur zögernd kamen die unterbrochenen Gespräche von neuem in Gang.

Die Fahrt wurde langsamer. Draußen glitten Ruinen vorüber, die Fahrbahn war zur Not vom Schutt freigeräumt.

Männer, Frauen und Kinder werkten in den Trümmern. Ein kleines Mädchen drückte glückstrahlend eine zerrupfte Puppe an sich, die es aus einem Schutthaufen gezerrt hatte.

Diesmal hatte es auch das Parteihaus erwischt. Hier räumten Landesschützen auf, an anderer Stelle Kriegsgefangene, die von Soldaten beaufsichtigt wurden.

Hin und wieder rollten Kraftwagen und Motorräder vorüber. Sie wurden ausschließlich von Uniformierten gefahren; von Soldaten oder Amtswaltern der Partei in Braun.

Und immer wieder alte Männer, Frauen und Kinder mit Handwägelchen, auf denen sie gerettete Habe davonzogen.

Ich hätte mich ohrfeigen mögen. In allem sah ich plötzlich das Negative! War ich denn ein Waschlappen geworden, daß ich mich durch Mamas Vorhaltungen dermaßen umkrempeln ließ?!

Es ist großartig, wie alle zupacken, redete ich mir ein. Die Feinde können uns nicht unterkriegen, selbst wenn sie den vorletzten Stein vom letzten reißen!

Die Straßenbahn hielt.

Endstation Bombentrichter!

Links der Straße war ein Industriebetrieb gestanden. Auf ihn hatten es die Feindbomber während des letzten Angriffs besonders abgesehen. Jetzt lag er in Trümmern. Einige Luftminen waren auf der Straße detoniert und hatten diese für lange Zeit unpassierbar gemacht. RAD-Trupps räumten den Trümmerschutt des Werks in die gähnenden Krater.

»Wir sind gleich da«, sagte Mama leise.

Jetzt begriff ich. Auf der anderen Seite lag einer der großen Friedhöfe. Richtig!

Mama führte mich hinein.

Einige Bomben hatten Gräber zerstört, doch das meinte Mama nicht. Sie drängte weiter.

Dann sah ich Blumensträuße, Tannengrün und ein paar offizielle Kränze mit schwarz-weiß-roten Schleifen.

»Die Toten des letzten Angriffs. Lies, mein Junge!«

Auf einigen der frischen Grabhügel lagen Papptafeln mit Namen und Zahlen.

Ich las und erschauerte.

In einem der Gräber lag eine ganze Familie, vom Bombentod in einem einzigen Augenblick hinweggerafft:

Familie Niederlechner:

Anton, 81 Jahre

Maria, 79

Friedrich Wilhelm, 53

Therese, 48

Brigitte, 22

Hans, 13

Helmut, 11

Liselotte, 7

Gabriele und Gisela, 4.

Der Tod aus der Luft war stärker gewesen als die Decke des Schutzraums ...

Ich atmete auf, als wir den Friedhof verließen. Mein Blick fiel auf die Mauer einer Ruine und erfaßte grellweiße Buchstaben: »Unsere Mauern könnt ihr brechen, unsere Herzen niemals!«

Mama merkte mein Zögern, aber sie ließ mir keine Zeit.

»Komm, Gustav!«

Es war nur ein kurzer Weg. Die Trümmer der eingestürzten Häuser waren so weit weggeräumt, daß ein schmaler Fußpfad das Durchkommen gestattete. Die Leute, die uns entgegenkamen, hatten es eilig. Kaum jemand grüßte.

Mama führte mich in die Nähe der Munitionsfabrik, in der sie arbeitete. Das Werk war nur leicht beschädigt, die Produktion lief weiter.

Knapp dreihundert Meter hinter der Fabrik standen Holzbaracken, mit Stacheldraht umzäunt.

Ein Kriegsgefangenenlager. Ich kannte es von früher.
Serben.
Sie arbeiteten ebenfalls in dem Munitionsbetrieb.
Dicht hinter dem Stacheldraht reckte eine Kastanie ihre kahlen Äste in den Himmel.
An dem untersten Ast hing ein Mensch! Die Hände waren ihm auf den Rücken gebunden, auf der Brust trug er ein Schild.
Ich biß die Zähne zusammen.

»Ein serbischer Kriegsgefangener«, sagte Mama. »Sie hängten ihn gestern abend. Auf dem Schild steht: ›Ich habe mir die Verdunkelung zunutze gemacht, um mich am Eigentum des deutschen Volkes zu vergreifen!‹ – In Deutsch und Serbisch, Gustav. Der arme Teufel hatte Hunger, und eine Streife schnappte ihn, als er in den Trümmern eines zerbombten Hauses wühlte. Zu seinem Unglück hatte er einen Mantel gefunden. Diesen ›Diebstahl‹ und das unerlaubte Entfernen aus dem Lager rechneten sie ihm als todeswürdiges Verbrechen an. ›Zur Abschreckung‹ stellen sie ihn zur Schau.«
Ich wandte den Blick ab. »Wer hat ihn verurteilt?« fragte ich heiser.
»Irgendein Tribunal«, sagte Mama hart. »Sie verurteilten ihn im Namen des deutschen Volkes!«
»Gehen wir nach Hause!« bat ich.
»Das Urteil wurde auf Grund eines Führerbefehls gefällt«, fuhr Mama fort. Sie schenkte mir nichts. »Der dort ist nicht der erste und wird nicht der letzte sein!«
Ich lief.
Mama folgte mir langsam.
Ich blieb erst stehen, als mir ein Trümmerfeld den Blick nach rückwärts verwehrte.
»Warum hast du mir – das gezeigt, Mama?« fragte ich stockend, als sie mich eingeholt hatte.
»Damit dir endlich die Augen aufgehen!« Dann klang ihre Stimme wieder altvertraut und mütterlich. »Ich möchte dich nicht verlieren, mein Junge! Du sollst den Wahnsinn überleben! – Sieh mal: Eines Tages werden statt der englischen und amerikanischen Bomber feindliche Panzer unsere Stadt angreifen. Dann bring dich in Sicherheit, sobald es geht! Schlag dich um Himmels willen nicht zu denen, die bis zum letztem Atemzug kämpfen wollen! Ihr Opfer ist sinnlos. Du sollst leben, Gustav, hörst du?! Für dich und – für mich!«

Ich fand keine Erwiderung. Die Vorstellung, daß Feindpanzer bis zu uns vordringen sollten, war zu ungeheuerlich.

Auf dem Heimweg sprachen Mama und ich kein Wort mehr miteinander.

Daheim warf ich mich aufs Sofa, schloß die Augen und riß sie sofort wieder auf. Ich durfte nicht mit geschlossenen Augen liegen; denn dann sah ich die Kastanie hinter dem Stacheldraht und hörte eine knarrende Stimme, die aus dem Dunkel dröhnte: »Im Namen des Volkes!«

Mama drehte das Radio an.

Marschmusik!

Ich sprang auf und stellte den Kasten ab.

»Wie wär's mit einer Partie Schach, Mama?«

Sie war einverstanden.

Mama spielte nicht gut, aber heute war ich noch schlechter als sie. Mit Mühe und Not holte ich ein Remis heraus. Mama hätte mich ohne weiteres mattsetzen können.

In der Nacht mußten wir nicht in den Keller, es gab keinen Fliegeralarm.

Am Sonntagmorgen weckte mich lauter Gesang. Ich sprang aus dem Bett. Ein Blick auf die Uhr: Schon halb neun!

Ich öffnete das Fenster und sah auf die Straße hinunter. Ein Zug in Feldgrau marschierte vorüber; junge Männer mit dem Hoheitszeichen am Ärmel und dem Totenkopf als Emblem. Sie sangen:

> »Wir werden weitermarschieren,
> wenn alles in Scherben fällt;
> denn heute, da hört uns Deutschland
> und morgen die ganze Welt!«

Hinter ihnen überquerte ein Unteroffizier in der Uniform der Fallschirmjäger die Straße. Eine Rotkreuzschwester führte ihn. Er trug das Verwundetenabzeichen in Gold. Seine Augenhöhlen waren leer ...

Mama und ich sprachen nicht mehr vom Krieg. Wir plauderten von alten Zeiten und schmiedeten Luftschlösser für die Zukunft. Die Stunden vergingen wie im Flug.

Als ich mich verabschiedete, sagte Mama: »Mach's gut, mein Junge!« Ich merkte, daß sie die Tränen zurückhielt, und ging rasch.

Punkt sechzehn Uhr war ich vor unserer Schule. Der lange Bayer und Bubi warteten schon.

Der Lkw traf wenige Minuten später ein.

Wir fuhren los.

Gefreiter Hahn steuerte, Gefreiter Schmoll hockte neben ihm und döste vor sich hin. Er hatte irgendwo eine Pulle Schnaps ›gefunden‹ und seine Probleme mit Alkohol gelöst. Gefreiter Heller saß neben uns auf der offenen Ladefläche, pfiff vor sich hin und trommelte mit den Fingern den Takt auf dem MG-Schaft.

Wir Flakhelfer schwiegen. Vermutlich waren Bayer und Hauschild in Gedanken noch genauso zu Hause wie ich.

Die Stadt blieb zurück, und dann geschah es.

Ganz plötzlich.

Sirenen heulten!

»Verdammte Schweinerei!« knurrte Heller und riß das Fernglas an die Augen.

Hahn gab Gas, er wollte den Wald erreichen.

»Jetzt kommen sie schon am hellen Tag!« brummte der lange Bayer.

»Halt die Klappe!« fauchte Heller.

Unweit der Straße, auf der wir dahinrasten, zog sich die Bahnlinie hin. Ein Zug dampfte heran. Er hatte den Bahnhof verlassen, um dem Bombardement in der Stadt zu entgehen. So wollte es die Vorschrift.

Der Motor unseres Lkws heulte in den höchsten Tönen, dann war es vorbei!

Panne! Knapp fünfzig Meter vor dem rettenden Gehölz!

Die Gefreiten fluchten, wir mit ihnen.

Hahn und der plötzlich ernüchterte Schmoll rissen die Kühlerhaube auf und suchten fieberhaft den Defekt. Heller stand hinter dem Zwillings-MG wie ein zum Sprung geducktes Raubtier.

»Haut ab!« fuhr er uns drei an. »Ich komme allein zurecht. Geht am Waldrand in Deckung!«

Bayer, Hauschild und ich wetzten los.

Dann stierte ich, gegen die Erde gepreßt, bald zum Himmel, bald auf den Kraftwagen, an dem Hahn und Schmoll wie die Wilden herumwerkten.

Was folgte, ging Schlag auf Schlag.

Von Nordwesten fegte es mit pfeifendem Singen heran, und schon knatterten die Geschoßgarben.

Jabos!

Amerikanische Jagdbomber!

Zwei – drei – fünf!

In geringer Entfernung von uns rasten sie im Tiefflug dahin. Die Feuerstöße aus ihren Bordkanonen galten dem Zug.

Ich atmete auf, als sich das Pfeifen in der Ferne verlor.

Hahn und Schmoll hatten nur kurz aufgeblickt und ihre Arbeit kaum unterbrochen, als sie merkten, daß der Angriff nicht uns galt. Heller hatte nicht gefeuert, vermutlich wollte er die Jabos nicht auf den Lkw aufmerksam machen.

Die Hoffnung trog!

Zwei weitere Maschinen heulten heran, und diesmal wurde es ernst.

Irgendwo ballerte Flak, aber ich konnte die Sprengwölkchen nicht sehen.

Neben unserem Lkw spritzte die Erde auf, eine Garbe fetzte in die linke Bordwand.

Schmoll und Hahn lagen flach.

Heller schoß zurück! Die Bahn der Leuchtspurgeschosse, die aus den MG-Läufen zischten, war deutlich zu verfolgen.

Die Jabos drehten ab, zogen eine Schleife.

Ich hielt den Atem an, als ich sah, wie Schmoll zu Heller auf den Wagen sprang. Hahn blieb in Deckung.

Zweiter Angriff!

Schmoll riß neue Trommeln aus den Kästen, und Heller ...

Ich preßte die Hand gegen den Mund. Heller flog vom Wagen, als hätte ihn eine Riesenfaust auf die Erde geschleudert; Schmoll sank auf die Ladefläche und fuhr mit der rechten Hand gegen die linke Schulter.

Die Jabos kurvten ab.

Hahn sprang auf. »Bringt Schmoll weg!« schrie er uns zu und machte sich am Motor zu schaffen.

Der lange Bayer war schon unterwegs. Ich folgte ihm, ohne mich zu besinnen, ich handelte instinktiv. Hinter mir rannte Hauschild.

Ein Blick genügte.

Heller war tot, Schmoll hatte einen Steckschuß abbekommen.

»Los, Gabriel!« keuchte Bayer.

Wir faßten Schmoll an Händen und Füßen, ohne ihn zu verbinden. Dazu blieb keine Zeit. Schon wieder heulte es heran.

Die Jabos starteten ihren dritten Angriff!

Ich wußte nicht, wie mir geschah. Ich ließ Schmoll, der vor

Schmerzen stöhnte, los, sprang auf den Wagen und brüllte Bayer an: »Munition!«

Hauschild warf sich in Deckung.

Ich riß den Abzug des MGs zurück und feuerte aufs Geratewohl gegen die Maschinen, die im Tiefflug heranrasten.

Erst als Bayer mir eine neue Trommel zuschob, hörte ich, daß die Jabos uns unter Feuer genommen hatten. Dann riß ich von neuem den Abzug durch.

Von der linken Tragfläche des zweiten Flugzeugs stoben Fetzen, dann war der Spuk vorüber.

Die Reaktion folgte. Ich drehte durch . . .

Als ich wieder zu mir kam, schaukelte der Lkw durch den Wald. Neben mir hockten Bayer und Hauschild, dann sah ich Heller und Schmoll liegen. Schmoll war notdürftig verbunden.

»Na also«, brummte Bayer, »Gabriel ist wieder da!«

Erst jetzt merkte ich, daß es auch den Langen erwischt hatte. Bayers linke Hand war verbunden. »Glatter Durchschuß«, meinte er und bemühte sich krampfhaft, den Schmerz zu verbeißen.

»Und – der Jabo – von dem die Fetzen geflogen sind?« fragte ich heiser.

Bayer verzog das Gesicht. »Bilde dir bloß nicht ein, du hättest ihn runtergeholt, Brielchen! Der konnte noch!«

Dann war es mit dem Langen vorbei. Er schnitt eine Grimasse, stöhnte und sank hintenüber . . .

In der Flakstellung erregten wir wenig Aufsehen.

Der Assistenzarzt nahm sich des Gefreiten Schmoll und des langen Bayer an, behandelte sie und ließ sie ins Lazarett bringen. Um Heller brauchte er sich nicht zu kümmern. Der erhielt seinen Platz neben Wittmann.

Hahn erstattete dem Alten Meldung.

Er mußte eine tolle Geschichte verzapft haben, denn am Montag früh erschien der Chef vor der angetretenen Zwoten, hielt eine Rede und – dekorierte mich mit dem EK II! Auch Bayer bekam es; Leutnant Vogt sollte es ihm im Lazarett überreichen . . .

»Herzlichen Glückwunsch!« sagten die Kameraden. »Bist 'n toller Heini, Gabriel!« oder »Hast's verdient!«

Leutnant Vogt meinte: »Wenn Sie besser gezielt hätten, wäre das EK I herausgekommen!«

Unteroffizier Haberzettel: »Na ja, nicht schlecht für'n Anfang!«

Nero schlug mir auf die Schulter. »Ich bin stolz auf Sie, Flakhelfer Briel! Sie haben eine Tat vollbracht, die eines deutschen Mannes würdig ist! In Treue fest!«

»Höhere Mathematik«, drückte sich Nullkommafünf aus, und als ich ihn verständnislos ansah:

>2 Jabos + 2 Flakhelfer + 1 MG = 2 EK II;
Rest: 1 Gefallener + 2 Verwundete + 1 durchsiebter Lkw.«

Als ich die blaugraue Uniform noch nicht trug, hatte ich mir nichts sehnlicher gewünscht, als einen Orden zu bekommen.

Jetzt konnte ich mich kaum darüber freuen.

Der ›Rest‹ wog zu schwer.

Der Wehrmachtbericht meldete lakonisch: »Tiefflieger setzten ihre Angriffe gegen die Zivilbevölkerung in West- und Südwestdeutschland fort.«

West- und Südwestdeutschland.

Unsere Stadt lag im Süden . . .

In der folgenden Nacht konnte ich lange nicht einschlafen, und so hörte ich das leise Dröhnen, das in der Ferne aufklang.

Bomber!

Doch es wurde kein Alarm gegeben.

Das Geräusch zog südostwärts.

Dort lag Salzburg. Die Mozartstadt.

In unserem Opernhaus, das jetzt in Trümmern lag, hatte ich einmal ›die Zauberflöte‹ gesehen und zuckte jetzt unter Paukenschlägen zusammen, die nicht von Mozart stammten.

Ich hörte sie nicht, ich fühlte sie nur.

Es tat weh . . .

*

»Ist es eine große Bombe gewesen, Papa?«

Klaus ist aufgewacht, er muß mich schon eine ganze Weile beobachtet haben. Es ist dunkel im Zimmer, die Vorhänge sind zugezogen, aber ein bißchen Licht schimmert doch herein. Vor unserem Haus brennt eine Straßenlampe. Der Schimmer reicht gerade, daß man bei genauem Hinsehen Konturen erkennt.

»Du hast etwas vor dich hingemurmelt, Papa; es hat sich wie

›Bombe‹ angehört. Du denkst an Engelbert, nicht wahr? Mama sagt, daß ich keine Angst um ihn haben soll. Ist es eine große Bombe gewesen?«

»Sie hat genug Unheil angerichtet, Klaus!«

»Aber sie haben sie doch im Krieg geworfen, Papa, nicht wahr?«

»Ja, Klaus, vor achtundzwanzig Jahren. Damals ist sie nicht krepiert.«

»So etwas heißt Blindgänger, Papa. Aber in achtundzwanzig Jahren müßte er doch kaputtgegangen sein!«

»An deiner Hand merkst du das Gegenteil, mein Junge!«

»Sie tut nicht weh, wenn du bei mir bist, Papa! Glaubst du, daß Herr Müller jetzt genauso neben Engelbert sitzt wie du bei mir?«

»Schlaf, Klaus!«

»Hast du Angst um Engelbert, Papa?«

Ich will den Jungen nicht beunruhigen und lüge. »Wenn Mama sagt, daß wir keine Angst haben sollen, brauchen wir keine zu haben.«

»Bist du sehr müde, Papa?« fragt Klaus.

»Aber nein – warum willst du es wissen?«

»Dann ... dann bleibst du noch bei mir? – Bitte, Papa!«

»Hast du noch Schmerzen, Klaus? Ich hole dir eine Tablette, ja?«

»Wenn du bleibst, Papa, ist es viel besser als eine Tablette!«

Mir wird warm ums Herz. Klaus und ich sind einander ganz nahe. Ich darf ihn nicht enttäuschen.

Thumser wird anrufen, tröste ich mich, vielleicht schon bald. Ich streiche Klaus übers Haar. »Schlaf, mein Junge, ich bleibe.«

»Danke, Papa!«

Einige Minuten später höre ich ruhige, regelmäßige Atemzüge. Trotzdem bleibe ich sitzen. Klaus hält meine Hand fest ... Ich erinnere mich:

So bin ich schon einmal an einem Bett gesessen.

Vor achtundzwanzig Jahren.

Auch damals habe ich eine Hand gehalten.

Otto Thumsers Hand.

Dieselbe, die in dieser Nacht – so hoffe ich – Engelbert Müller vor dem Schlimmsten bewahrt.

9

Zweite Oktoberhälfte 1944.

Ein schwächerer feindlicher Kampfverband hatte unsere Stadt angegriffen. Die Abwehr war behindert, da der Gegner die Feststellung seiner Position durch den Abwurf von Stanniolstreifen erschwerte. Unsere Meßgeräte nahmen die Streifen genauso als ›Flugobjekte‹ auf wie die Bomber.

Auf dem Abflug zog der Pulk über unsere Stellung, ohne Bomben zu werfen. Wir feuerten aus allen Rohren. Ich stand als Ladeschütze an der 8,8 und zitterte wie ein Jagdhund, wenn die Scheinwerfer einen Bomber erfaßten. Dieses Zittern hatte nichts mit Furcht zu tun.

Wir holten einen Viermotorigen herunter. Die Granate zerfetzte ihn in der Luft. Keiner von der Besatzung stieg aus.

Am nächsten Morgen malte Unteroffizier Haberzettel einen neuen Ring aufs Rohr der Kanone.

Der Vormittag brachte verschärfte Ausbildung am Geschütz, der Nachmittag eine ›Lateinstunde‹, die so weit von Ovid entfernt war wie der Anstand von der Gemeinheit.

Nero war in der Stadt gewesen und vor einer knappen halben Stunde zurückgekehrt. Als er zu uns in den Unterrichtsraum kam, trug er die Parteiuniform.

Seine Miene verriet nichts Gutes.

»Thumser!«

Otto sprang auf und nahm Haltung an. »Hier, Herr Oberstudienrat!«

»Ich habe Ihnen eine betrübliche Mitteilung zu machen, Thumser«, sagte Nero gleichmütig.

Thumser zuckte zusammen und verlor die Beherrschung. Er redete ungefragt!

»Ist etwas mit meiner Mutter, Herr Oberstudienrat? Ist sie während des Angriffs – ich meine . . .«

»Schweigen Sie!« Jetzt klang Neros Stimme scharf.

»Jawohl, Herr Oberstudienrat«, sagte Thumser schwach.

In mir kochte es. Thumser tat mir leid, und wenn ich Neros verkniffenes Gesicht betrachtete . . . Jetzt haßte ich ihn!

Die anderen starrten ihn ebenso an wie ich.

Nero schien jedes Wort auskosten zu wollen. »Auf unserer heutigen Besprechung eröffnete mir der Herr Kreisleiter, daß eine gewisse Anna Thumser, wohnhaft Hermann-Göring-

Straße 11 – das ist doch Ihre Mutter, Thumser, nicht wahr?«
»Jawohl, Herr Oberstudienrat.«

». . . daß also diese Frau Anna Thumser durch den Haus-Luftschutzwart beschuldigt wurde, Feindsender gehört zu haben! Bei der Vernehmung legte die Beschuldigte ein volles Geständnis ab. Sie wurde in Haft genommen.«

Ich sah, wie Thumser zitterte. Er preßte die Lippen aufeinander. Sein Gesicht war grau.

»Ich kenne Sie als anständigen Menschen, Thumser«, fuhr Nero fort, »und hoffe, daß Sie sich von einer derart verbrecherischen Haltung distanzieren. – Antworten Sie!«

»Was – geschieht mit meiner Mutter?!« stöhnte Thumser.

»Wehrkraftzersetzung verdient die härteste Strafe!« sagte Nero kalt. »Und jetzt Ihre Antwort! Das ist ein Befehl!«

Thumser klappte zusammen. Er sank auf die Bank, legte das Gesicht in die Hände und rührte sich nicht mehr.

Wer zuerst angefangen hatte, mit den Füßen zu scharren, war nicht festzustellen, aber wir scharrten alle mit.

Nero lief rot an. »Ruhe!« brüllte er.

Wir scharrten weiter, bis Thumser »Nein!« schrie.

Da wurde es still.

»Bringen Sie ihn hinaus, Briel!« befahl Nero, und zu Schröder: »Sie kommen mit mir!«

»Mir ist nicht gut, Herr Oberstudienrat«, erwiderte Schröder zu meiner Überraschung. Er hielt die Hand vor den Mund. Ich sah ihn ganz aus der Nähe und erkannte, daß er nicht im geringsten nach Erbrechen aussah.

»Bravo, Schröder!« flüsterte ich.

»Verschwinden Sie!« rief Nero ärgerlich.

Schröder verließ hastig den Unterrichtsraum.

»Sie sollen Thumser wegbringen, Briel!«

Otto kauerte schon wieder teilnahmslos in der Bank. Ich faßte ihn am Arm. »Komm, ich bleibe bei dir!«

Er ließ sich willenlos führen.

Als ich die Tür mit dem Fuß hinter uns zustieß, hörte ich, wie Nero sagte: »Na schön! Dann wollen wir sehen, ob ihr im Lateinischen genauso zu Hause seid wie mit den Füßen unter den Bänken! – Ovid, Seite neun, zweiter Absatz! Beginnen Sie, Braun!« . . .

»Diese Schweine!« stöhnte Thumser. »Diese verdammten Schweine!«

»Ich rede mit Nullkommafünf und mit Vogt, Otto«, versprach ich. »Sie werden dir helfen.«

Thumser schüttelte den Kopf, warf sich auf sein Bett und schluchzte wie ein kleiner Junge. »Ich glaub's nicht, Gabriel! Meine Mutter hat sich nie um Politik gekümmert!«

»Ich rede zuerst mit Nullkommafünf, Otto.«

Thumser ergriff meine Hand und hielt sie fest. »Bleib, Gabriel! – Nur 'n paar Minuten noch! Und wenn auch du meine Mutter für schlecht hältst, dann sag's nicht! Ich glaube, ich würde irgend etwas anstellen, wenn ich jetzt allein wäre!«

»Schon gut, Otto, ich bleibe.«

»Danke, Gabriel!«

Thumser legte sich auf den Rücken und schloß die Augen. Er sagte nichts mehr, doch ich spürte, wie es in ihm arbeitete.

Aus dem Unterrichtsraum nebenan hörte ich die Stimmen der anderen. Ich achtete nicht darauf, was gesprochen wurde. Ich hatte mit mir zu tun. Meine Gedanken wirbelten durcheinander wie Bilder in einem Kaleidoskop.

Aus dem undeutlichen Gemurmel, zu dem die Stimmen nebenan absanken, je mehr ich grübelte, glaubte ich Papa zu hören. ›Manch einer, der unsere Meinung nicht teilt, kann ein prächtiger Mensch sein!‹

Der Bannführer: ›Ein deutscher Mann kennt keine Furcht!‹

Papa: ›Angst haben ist nicht dasselbe wie feige sein. Ich selbst hatte schreckliche Angst vor dem Angriff, der mir dann das EK I einbrachte!‹

Leutnant Vogt: ›Das Höchste des Soldaten ist seine Ehre!‹

Obergefreiter Maier zwo: ›Wir sind seit Jahren Soldaten und haben allmählich die Schnauze voll. Ist eh alles zum Kotzen!‹

Gefreiter Wittmann: ›Wenn ich durch euch davon abgehalten werden sollte, an die Front zu gehen, könnt ihr was erleben!‹

Oberkanonier Jokisch nach seiner Verwundung: ›Für mich ist der Dreckskrieg vorbei!‹

Oberleutnant Vollmer: ›Beweist, daß ihr keine Hosenscheißer seid!‹

Barbarossa: ›Ich glaube, Nero ist nur deshalb zu uns in die Stellung gekommen, weil er sich bei Gefahr im Gefechtsbunker sicherer fühlt als zu Hause im Luftschutzkeller!‹

Mama: ›Du sollst den Wahnsinn überleben, Gustav! Schlag dich nicht zu denen, die bis zum letzten Atemzug kämpfen wollen!‹

Gerngroß: ›Aber ich halte nicht für die Scharfmacher aus, die Heldentum predigen und sich verkriechen, wenn sie die Gelegenheit hätten, Helden zu spielen! Es gibt 'ne ganze Menge Neros! Für die hält Gerngroß nicht den Schädel hin, für die nicht! Nur für die Frauen und Kinder und die alten Männer in der Stadt, die im Keller hocken und um ihr Leben zittern. Mit jedem Bomber, den wir abschießen helfen, retten wir einige von ihnen.‹

Nero: ›Auch für die deutsche Frau ist es eine Ehre, im Schicksalskampf des Volkes ihr Leben opfern zu dürfen!‹

Gerngroß: ›Ich hasse die Mörder am Steuerknüppel – und die, die uns die Suppe eingebrockt haben!‹

Ich: ›Der Führer hat immer recht!‹

Mama: ›Du trägst Scheuklappen, Gustav! – Sie hängten ihn gestern abend . . . im Namen des deutschen Volkes!‹

Schröder: ›Ich soll mich ein bißchen umhören, wer politische Witze über den Führer erzählt und die anderen Großen, wer Feindpropaganda verbreitet oder sonstwie die Wehrkraft zersetzt. Die soll ich ihm dann melden. Und – ich soll gut aufpassen, ob Leutnant Vogt und Nullkommafünf Bemerkungen fallen lassen, die in diesem Sinn ausgelegt werden könnten.‹

Mama: ›Ausgebombt – tot – Verbrennungen – ausgebombt – gefallen – ausgebombt . . .‹

Die Männer, die den Totenkopf trugen: ›Wir werden weitermarschieren, wenn alles in Scherben fällt!‹

Nero: ›Das ist doch Ihre Mutter, Thumser, nicht wahr? Ich hoffe, daß Sie sich von einer derart verbrecherischen Haltung distanzieren!‹

Nullkommafünf: ›Leg dich hin Gerngroß! Morgen fahren wir zusammen, ja?‹

Der Hausmeister unserer Schule: ›Ein Heimtücker, dieser Studienrat Winkler!‹

Haberzettel zu Gerngroß: ›Bedank dich bei deinem Lehrer!‹

Zeus: ›Ich habe eine Rechnung zu begleichen.‹

Nullkommafünf: ›Höhere Mathematik . . .‹

Ich knirschte mit den Zähnen, um die Stimmen loszuwerden; da sah ich die Bilder! Mit offenen Augen, während ich gegen das Fenster der Baracke starrte.

Papa beim Abschied. Erst jetzt verstand ich, in seinem Gesicht zu lesen. Es war keine Begeisterung darin gewesen. Papa wußte um das Grauen des Krieges. Er ging, weil er mußte.

Und da war Nero: groß als Redner – klein als Mann im Bombenhagel – erbärmlich als Mensch.

Leutnant Vogt: Berufsoffizier, Nursoldat, ich hatte ihn nie über Politik reden hören.

Nullkommafünf: Lange genug hatte ich ihn verkannt. Er war kein Mann des Wortes; aber er war da, wo Worte nicht ausreichten: im Splittergraben, am Geschütz, beim Aufräumen; und wo jemand des Trostes bedurfte, der nicht in Phrasen zu finden war.

Mama: vor der Zeit alt geworden, müde und bitter.

Ich: Ja – wo stand ich eigentlich?

Wenn ich noch derselbe gewesen wäre, der ich vor knapp drei Wochen gewesen war, müßte ich Maier zwo und Jokisch verachten, weil sie ›die Schnauze voll‹ hatten; denn: ›Unsere Mauern könnt ihr brechen, unsere Herzen niemals!‹ hieß die Parole.

Ich müßte »ja« zu jedem Urteil sagen, das im Namen des Volkes ausgesprochen wurde; denn: ›Volk und Führer sind eins!‹ und ›Der Führer hat immer recht!‹

Ich müßte ›Miesmacher‹, ›Querulanten‹ und ›Verbreiter wehrkraftzersetzender Parolen‹ anzeigen; denn: ›Auch wer durch Worte zu erkennen gibt, daß er nicht bedingungslos hinter Führer und Partei steht, fällt unseren schwer ringenden Soldaten in den Rücken, besudelt das Andenken der Gefallenen und hat das Recht verwirkt, in der Gemeinschaft des deutschen Volkes zu leben!‹

Wie oft hatte ich diese Begründungen in Schulungsabenden der HJ gehört, und wie selbstverständlich waren sie mir erschienen! Doch jetzt?

Jetzt handelte es sich nicht mehr um anonyme ›Gleichgültige‹, ›Verbrecher‹ und ›Wehrkraftzersetzer‹.

Die Miesmacher und Volksschädlinge zu verurteilen, war leicht gewesen; da hatte ich unbekannte Gruppen verdammt, die schon durch den Begriff als Feinde gekennzeichnet waren. Jetzt waren sie aus der Anonymität herausgetreten:

Der ›Querulant‹ Maier zwo,

der ›Verbrecher‹ an der Kastanie hinter dem Stacheldraht,

die ›Wehrkraftzersetzer‹ Anna Thumser und – Gerngroß, – sogar Mama!

Ja, auch sie! Aus jedem Wort, mit dem sie mir ›die Augen öffnen‹ wollte, könnte ihr Nero den Strick drehen.

Nero!

Er würde keinen Augenblick zögern, über meine Mutter den Stab zu brechen, wie er ihn über Frau Thumser gebrochen hatte. Mit zynischen Worten und vor allen anderen!

Er ist ein Einzelfall, versuchte ich mir einzureden. Nero ist nicht die Partei!

Aber da sah ich wieder den Mann an der Kastanie,

ich sah die Männer, die Anna Thumser festnahmen,

ich hörte die Stimme des Bannführers: ›Auch wer durch Worte zu erkennen gibt . . .‹,

und es dröhnte mir in den Ohren: ›Führerbefehl!‹

Ich sah die Leute im Straßenbahnwagen,

sah sie verstummen, als die SS-Unterführer zustiegen, und erkannte ihre Angst.

Sie fürchteten die, denen sie vertrauen sollten!

›Du trägst Scheuklappen, Gustav!‹ hatte Mama gesagt.

Jetzt nicht mehr! dachte ich. Nero hat sie mir heruntergerissen. Es war eine bittere Erkenntnis.

Jetzt müßte jemand da sein, dem ich mein Herz ausschütten könnte!

Zu Thumser durfte ich nicht sprechen, der war selber fertig.

Gerngroß würde mich verstehen, vielleicht auch Walter Müller oder ›das tapfere Schneiderlein‹ . . .

Helmut Schröder kam zurück. Ich schrak auf, als er die Tür hinter sich schloß.

Thumser zog rasch seine Hand zurück und drehte sich gegen die Wand.

»Du sollst zu Nullkommafünf kommen, Briel«, sagte Schröder. »Er ist in seinem Zimmer in der Offiziersbaracke.«

Ich starrte ihn verblüfft an. »Soll das heißen, daß du . . .?«

Schröder legte den Finger auf die Lippen und deutete zuerst auf Thumser, dann auf die Tür, die in den Unterrichtsraum führte. »Nicht so laut, Briel! Geh schon! Ich soll Ammon bitten, auch die nächste Stunde zu übernehmen, da Herr Studienrat Winkler eine dringende Besprechung mit Herrn Leutnant Vogt hat. Ich traf ihn draußen zufällig, als – mir schlecht war. Los, hau ab!«

Ich zögerte. »Was soll ich sagen, Schröder, wenn Nero mich später fragt, wo ich gewesen bin?«

»Diese Schweine!« stöhnte Thumser. »Diese verdammten Schweine! Ich werde . . .«

»Du wirst gar nichts!« herrschte Schröder ihn an. »Überlaß das Denken denen, die vernünftig überlegen!«

Thumser fuhr auf. Es schien, als wollte er Schröder an den Hals. »Nero vielleicht, was?!«

»Idiot!« erwiderte Schröder. »Wenn du noch nicht gemerkt hast, daß wir dir helfen wollen, tust du mir leid!«

Das war genau der richtige Ton für den Verzweifelten. Thumser biß die Zähne zusammen. »Entschuldige Schröder, aber ich weiß wirklich nicht mehr, wem ich vertrauen darf, und wer ein Schuft ist! Soll ich mit Gabriel mitkommen?«

Schröder schüttelte den Kopf. »Nein, Thumser, Nullkommafünf will Briel allein sprechen. Wenn du dabei wärst, könnte Nero Lunte riechen.«

»Danke«, murmelte Thumser.

»Schon gut«, nickte Schröder. »Verschwinde, Briel!«

»Und was soll ich zu Nero sagen?«

»Es wird dir schon was einfallen!«

Ich lief.

Ängstlich vermied ich es, mit jemandem zusammenzutreffen, deshalb huschte ich hinter den Baracken zu Nullkommafünf.

Dann betrat ich zum erstenmal dessen Zimmer.

Ein kleiner, nüchterner Raum mit einem Feldbett, einem Tisch, zwei Stühlen, einem Spind, einem Waschgestell, einem Spiegel, einem Kanonenofen und einem kleinen Wandregal, auf dem ein paar Bücher lagen. Auf dem Tisch stand eine Vase mit Föhrenzweigen, an der dem einzigen Fenster gegenüberliegenden Wand hing ein Bild. Es zeigte die ›Machtübernahme‹. Feldmarschall von Hindenburg reichte Adolf Hitler die Hand, und Hitler – in dunklem Zivil – verneigte sich tief vor dem greisen Heerführer und Staatspräsidenten.

Nullkommafünf saß am Tisch. Vor ihm lag ein Buch.

»Da sind Sie ja, Briel! Nehmen Sie Platz!« Er deutete auf den leeren Stuhl.

»Danke, Herr Studienrat.« Ich setzte mich.

»Was haben Sie auf dem Herzen, Briel?«

»Sie haben mich rufen lassen, Herr Studienrat!«

»Bravo, Briel! Sie sind Diplomat. Dann wäre also ich dran, wie?«

»Jawohl, Herr Studienrat!«

Nullkommafünf sah mich forschend an. Ich hielt seinem Blick stand.

»Schröder war bei mir.«

»Ich weiß, Herr Studienrat.«

»Er sagte mir, Thumsers Mutter sei wegen Abhörens von Feindsendern verhaftet worden.«

»Herr Oberstudienrat Ammon gab es uns vorhin bekannt, Herr Studienrat.«

»Schröder konnte mich nur knapp informieren«, fuhr Nullkommafünf fort, »er wollte dem Unterricht nicht zu lange fernbleiben. Aber er sagte mir, daß Sie Thumser hinausgebracht hätten. Ich nahm an, Sie würden etwas länger bei ihm bleiben, deshalb ließ ich Sie rufen. Würden Sie mir einen genaueren Bericht geben, Briel?«

»Selbstverständlich, Herr Studienrat.«

»Bitte!«

Während ich erzählte, ließ mich Nullkommafünf keinen Moment aus den Augen. Ich hatte den Eindruck, daß er jeden Muskel meines Gesichts studierte und auf den Klang eines jeden Wortes, das ich sprach, hörte.

»Ich habe Thumsers Mutter einige Male gesehen, Herr Studienrat«, schloß ich. »Sie ist eine einfache Frau und auf keinen Fall eine Verräterin! Bitte, helfen Sie ihr!«

»Eigentlich müßten Sie sich an Herrn Ammon wenden, Briel!«

»An Nero?« entfuhr es mir. »Der würde sie am liebsten hängen sehen!«

Nullkommafünf rügte den Spitznamen nicht. »Sie urteilen hart, Briel«, sagte er ruhig.

»Sie hätten sehen müssen, wie er Thumser fertigmachte, Herr Studienrat, und ...« Ich stockte und wurde blaß. Nein, das durfte ich doch nicht verraten!

»Und?« fragte Nullkommafünf.

Er drängte nicht, er bat.

Ich zögerte nur noch kurz. Wenn ich Hilfe von ihm erwartete, mußte ich ihm vertrauen!

»Er wollte Sie durch einen von uns bespitzeln lassen, Herr Studienrat! Sie und Herrn Leutnant Vogt!«

Ich schlug die Augen nieder. Jetzt konnte ich ihm nicht länger ins Gesicht sehen.

Nullkommafünf fuhr nicht auf. »Ich weiß, Briel«, erwiderte er gelassen. »Schröder teilte es mir mit.«

Ich glaubte, nicht recht gehört zu haben. »Schröder?«

»Vorhin, Briel, als er bei mir war. Ich glaube, wir alle haben ihn verkannt.«

»Auch Sie, Herr Studienrat?«

»Ja, Briel, auch ich. – Aber lassen wir das! Sprechen wir von Thumsers Mutter!«

»Was, glauben Sie, könnte ihr geschehen?«

Nullkommafünf zuckte die Schultern. »Das kommt auf die Richter an. Vielleicht steckt man sie in ein Konzentrationslager.«

Ich kannte das Wort, aber ich konnte mir nichts darunter vorstellen. »Das ist so ähnlich wie Zuchthaus, Herr Studienrat, nicht wahr?«

Nullkommafünf wich aus. »Vielleicht sprechen wir später einmal darüber, Briel. Merken Sie sich fürs erste eines: Zuviel wissen ist heutzutage gefährlich! Und nun zur Sache: Ich selbst werde Thumser und seiner Mutter kaum helfen können. Man schätzt mich nicht besonders in den maßgebenden Stellen. Das ersehen Sie daraus, daß Herr Ammon Schröder beauftragte, mich – nun, sagen wir – zu beobachten. Ich werde mit Leutnant Vogt sprechen, vielleicht auch mit Oberleutnant Vollmer.«

»Danke, Herr Studienrat, aber tun Sie's bitte schnell!«

Er lächelte. »In null Komma fünf gewissermaßen, wie?«

Ich lachte nicht. »Ja, Herr Studienrat, in null Komma fünf!«

»Ich will es versuchen, Briel.«

»Danke, Herr Studienrat. Wann darf ich wiederkommen?«

»Heute abend nach dem Essen. Bringen Sie Thumser mit!«

»Jawoll, Herr Studienrat! Heil – Auf Wiedersehen!«

»Wiedersehen, Briel!«

Als ich in unsere Baracke zurückkam, lag Thumser immer noch auf seinem Bett. Er richtete sich mit einem Ruck auf, als er mich sah.

»Was hat er gesagt?«

»Er wird dir helfen, Otto. Heute abend nach dem Essen sollen wir beide zu ihm kommen.«

»Das werde ich dir nie vergessen, Gabriel!«

»Schon gut, Otto. Gegen den da drin müssen wir zusammenhalten!«

»Er hat auf Gegenwartskunde umgeschaltet«, sagte Thumser. »Ich habe ein paar Brocken aufgeschnappt. Er redet über die Greuel der Russen im Osten.« Plötzlich sprang er auf. »Gehen

wir hinein, Gabriel! Er soll sich nicht einbilden, mich kleinge-
kriegt zu haben!«

Wir betraten den Unterrichtsraum.

». . . unvorstellbare Schandtaten, die die rote Soldateska an
den Baltendeutschen . . .«, rief Nero und hielt inne, als er auf
uns aufmerksam wurde. »Ich dachte schon, Sie wollten die Gelegenheit benützen, eine Stunde zu schwänzen, Briel!«

»Nein, Herr Oberstudienrat, ich wollte Thumser nicht allein
lassen. Er befand sich in einer miserablen Verfassung.«

Nero machte eine unwillige Handbewegung. »Thumser ist
Soldat und kein Jammerlappen! Wie ich sehe, hat er sich ge-
fangen. Ich habe es nicht anders erwartet. Setzen Sie sich!«

Wir nahmen Platz.

Schröder blinzelte mir zu, ich nickte und lächelte ein wenig.
Dann merkte ich, daß Nero uns beobachtete, und gab mir den
Anschein, als folgte ich seinen Ausführungen.

»Die Baltendeutschen, die es aus Liebe zu ihrer Scholle ab-
lehnten, sich vor den anrückenden Truppen der Roten Armee
in Sicherheit zu bringen, erdulden Schreckliches!« rief Nero.
»Zuverlässige Berichte melden Massenmorde an Greisen,
Frauen und Kindern, Vergewaltigungen und Folterungen!
Ein Großteil der entmenschten Rotarmisten ist betrunken,
und Deutsche sind Freiwild! Aber wir schlagen zurück! ›Kein
Pardon den roten Politkommissaren, auch wenn sie sich ge-
fangen geben!‹ lautet ein Führerbefehl. Diese Untermenschen
müssen ausgerottet werden – ebenso wie jene verräterischen
Elemente unter uns . . .«

Er unterbrach sich, fixierte Thumser und fragte scharf: »Ist
Ihnen schon wieder nicht gut, Flakhelfer Thumser?«

Ich bewunderte Otto. Ich glaubte nicht, daß ich mich so be-
herrscht hätte wie er, wenn ich an seiner Stelle gewesen wäre.
Thumser nahm Haltung an: »Ich bin in Ordnung, Herr Oberstudienrat!«

Nero lächelte. »Ausgezeichnet. – Nehmen Sie Platz!«

Thumser setzte sich. Ich hörte, wie er mit den Zähnen knirschte.

Schröder meldete sich.

»Was wollen Sie?« fragte Nero.

»Mir ist etwas eingefallen, Herr Oberstudienrat, aber es gehört eigentlich nicht zur Sache.«

»Fragen Sie, Schröder!«

»Ich las vor einiger Zeit in einer Studie über Friedrich den Zweiten von Preußen, daß sich bestimmte Hofkreise mit dem Gedanken trugen, den damaligen Kronprinzen mit Maria Theresia von Österreich zu verheiraten. Wie hätte sich wohl die Geschichte des deutschen Reichs entwickelt, wenn diese Verbindung zustande gekommen wäre?«

Großartig, dieser Schröder! Sein Trick gelang. Nero hatte etwas übrig für geschichtliche Wenn und Aber. Er kam nicht mehr auf ›die verräterischen Elemente‹ zurück, sondern schwelgte in preußischer und österreichischer Vergangenheit. Thumser warf Schröder einen dankbaren Blick zu. Er hatte verstanden.

Nero redete bis zum Ende der Unterrichtszeit.

Dann kam Haberzettel.

»Raustreten zum Geschützexerzieren!«

Bei der 8,8 wartete Leutnant Vogt. Er warf Thumser kaum einen Blick zu, aber er schliff ihn nicht so wie uns andere. Ich nahm an, daß Nullkommafünf bereits mit ihm gesprochen hatte.

Eine halbe Stunde später lernte ich Nero von einer ganz neuen Seite kennen.

Er mußte einen Spaziergang im Wald gemacht haben, denn er kam aus dem Gehölz, als er an uns vorüberging. In der Hand hielt er . . . eine Krähe! Das Tier zappelte mühsam.

Wir guckten verblüfft, und Unteroffizier Haberzettel schüttelte den Kopf.

»Das arme Ding hat sich einen Flügel gebrochen«, sagte Nero zu Haberzettel. Seine Stimme war voll Mitleid. Behutsam strich er mit den Fingern über den Vogel. »Vielleicht kann unser Doktor helfen.«

Er ging auf die Offiziersbaracke zu, in der auch der Assistenzarzt ein Zimmer bewohnte.

Nero als Tierfreund!

Was für eine Seele mußte dieser Mensch haben!

10.

Kurz nach dem Abendessen meldeten wir uns bei Nullkommafünf. Thumser und ich.

Thumser glaubte fest daran, daß Nullkommafünf einen Weg

finden werde, der seiner Mutter das Schlimmste ersparte. Das war zum Großteil mein Verdienst. Ich hatte ihm Mut gemacht. Nullkommafünf bot uns die beiden Stühle an, er selbst setzte sich auf die Bettkante.

»Ich sprach mit Leutnant Vogt«, eröffnete er uns ohne weitere Einleitung. »Als Offizier mißbilligt er das Vergehen, das das Abhören von Feindsendern darstellt, aber er versprach mir, mit Oberleutnant Vollmer zu reden. Vielleicht, meinte er, könnten mildernde Umstände geltend gemacht werden, da es sich um eine Frau handelt, deren Mann und ältester Sohn im Einsatz stehen, während sie noch eine kleine Tochter zu versorgen hat.«

Thumser atmete auf: »Danke, Herr Doktor!«

Nullkommafünf winkte ab.

»Herr Vogt nahm mich kurz vor dem Essen beiseite. Er hatte sich gleich nach unserer Aussprache beim Chef für Sie verwendet, Thumser, jedoch nur erreicht, daß Oberleutnant Vollmer versprach, sich nach Ihrer Mutter zu erkundigen. Lediglich mit Rücksicht auf Sie, weil Sie zu seiner Einheit gehören. In Verfahren, die nicht vor Militärgerichten verhandelt werden, mische er sich als Offizier grundsätzlich nicht ein.«

Thumser senkte den Kopf; ich biß die Zähne zusammen.

»Vor dem Abendessen gab mir Herr Vogt Bescheid. Oberleutnant Vollmer hatte in der Kreisleitung angerufen und erfahren, daß die Verhandlung gegen Ihre Mutter schon heute mittag stattgefunden hat. Die mildernden Umstände seien hinreichend berücksichtigt worden, vor allem die Tatsache, daß die Angeklagte die Feindnachrichten nicht weitergegeben hat. Deshalb wurde Ihre Mutter nur zu Sicherungsverwahrung verurteilt, Ihre Schwester zu Verwandten aufs Land gebracht.«

»Sicherungsverwahrung«, murmelte Thumser. »Ist das ... eingesperrt, Herr Doktor?«

»So ähnlich«, erwiderte Nullkommafünf.

»Für wie lange, Herr Doktor, und wo?«

»Für zwei Jahre, Thumser. Sie wurde im Laufe des Nachmittags weggebracht. Wohin, konnte Herr Vollmer nicht erfahren.«

»Diese Schweine!« stöhnte Thumser.

Nullkommafünf legte ihm die Hand auf die Schulter. »Nehmen Sie sich zusammen, es ist nicht das Schlimmste. Das Gericht hätte ein härteres Urteil fällen können!«

»Vielleicht Tod durch den Strang, was?!« fuhr Thumser auf.
Nullkommafünf nickte: »Genau das, mein Junge!«
»Das – das ist doch nicht Ihr Ernst, Herr Doktor!« warf ich
entsetzt ein.
»Ein Menschenleben gilt nicht viel in unserer Zeit«, sagte
Nullkommafünf. »Irgendwie sind wir alle zum Tod verur-
teilt. Ob wir begnadigt werden, hängt davon ab, wie lange
dieser Krieg noch dauern wird.«
»Ich werde um Stadturlaub bitten«, stieß Thumser durch die
Zähne.
»Und dann?« fragte Nullkommafünf.
»Dann springe ich unserem Luftschutzwart, diesem Saukerl von
einem Denunzianten, an die Gurgel!«
»Und dann, Thumser?«
»Dann sollen sie mit mir machen, was sie wollen!«
»Hängen oder erschießen, Thumser?«
Die Ruhe, mit der Nullkommafünf fragte, war grauenhaft.
Thumser warf sich über den Tisch und schlug die Hände vors
Gesicht.
Nullkommafünf strich ihm über den Kopf. »Heul dich aus,
Junge, aber nimm dich vor den anderen zusammen!«
»Vor allem vor Nero!« sagte ich. »Er hat nur ein Herz für
Krähen.«
Thumser gab keine Antwort.
Einige Zeit herrschte Schweigen.
»Ja, dann müssen wir wohl gehen«, sagte ich schließlich, nur
um etwas zu sagen.
Nullkommafünf nickte. »Es tut mir leid, daß ich nichts für Sie
tun konnte,Thumser, aber Sie dürfen immerhin hoffen. Ihre
Mutter lebt, das ist viel!«
Thumser wischte mit dem Jackenärmel über die Augen. »Ich
danke Ihnen, Herr Doktor«, sagte er mühsam, »und – wenn
ich wieder einmal die Nerven verliere, darf ich dann . . .«
Nullkommafünf unterbrach ihn. »Ja, Thumser, dann dürfen
Sie zu mir kommen. Sie wissen ja, wo ich zu finden bin.«
Thumser stand auf, zögerte kurz und sagte: »Gute Nacht,
Herr Doktor.«
Nullkommafünf reichte ihm die Hand. »Gute Nacht, mein
Junge.«
Auch Otto Thumser hatte nicht mehr mit ›Heil Hitler!‹ ge-
grüßt.

Ich sagte ebenfalls »Gute Nacht«, und wir verließen die Offiziersbaracke.

Draußen war es ziemlich dunkel, aber wir erkannten den Mann, der aus dem Befehlsbunker gekommen war und auf die Offiziersbaracke zuschritt.

»Nero!« zischte Thumser. Es hörte sich wie ein Ausspucken an.

»Los!« gab ich ebenso leise zurück. »Der ist der letzte, dem ich begegnen möchte!«

Wir wollten laufen und erstarrten.

Sirenen heulten, gleich darauf gellten Trillerpfeifen.

Alarm!

Unwillkürlich blickte ich mich nach Nero um.

Während es in den Baracken lebendig wurde, machte er kehrt und rannte, so schnell er konnte, in den Bunker zurück.

»Raustreten!«

Das war Haberzettel.

Ich stieß Thumser an. »Komm, Otto!«

Wir hetzten in unsere Baracke, prallten mit Kameraden zusammen, die ins Freie wollten, boxten uns durch, rissen die Stahlhelme von den Spinden, schnallten die Koppel um und schafften es gerade noch.

Wir reihten uns bei den anderen ein, als Unteroffizier Haberzettel abzählen ließ.

Der Wind trug das Heulen der Sirenen aus der Stadt herüber.

Unteroffizier Haberzettel behielt die Nerven.

»Umgruppierung!« gab er bekannt, als handle es sich um eine Übung. »Herr Oberstudienrat Ammon hat sich bereit erklärt, im Fall eines Angriffs den Telefondienst zu übernehmen.«

»Im Bunker!« sagte Barbarossa spöttisch.

Haberzettel hatte es gehört. »Wo sonst, Sie Pflaume?« erwiderte er scharf. »Im übrigen haben Sie den Schnabel zu halten!«

»Jawoll, Herr Unteroffizier!«

Die ›Alten‹ rannten schon an die Geschütze, und Haberzettel hielt uns Vorträge!

»Gerngroß, Hauschild und Korner an Geschütz eins der zwoten Batterie! Briel, Thumser und Schröder an Geschütz zwo! Braun und Schmidt Scheinwerfer! Müller und Schneider Horchgerät; Huber Fernmesser! – Auf die Plätze, marsch marsch!«

94

Wir wetzten los, dann standen wir unter dem Kommando von Leutnant Vogt.

Ich wunderte mich nicht im geringsten, Nullkommafünf als Richtkanonier an ›meinem‹ Geschütz zu sehen.

Im Nordwesten zuckten die Lichtkegel der Scheinwerfer auf, und die Flakgeschütze der Randbatterien spuckten Granaten. Wenig später war das tiefe Brummen da.

Blitzschnell ging alles.

Wir Flakhelfer hatten keine Zeit, uns umzusehen. So schnell wir konnten, rissen wir die Granaten aus den Kästen, legten sie zurecht.

Leutnant Vogt befahl Zündereinstellung und Richtung.

In der Stadt krachten die ersten Einschläge der Bomben, und schon fuhren auch aus unserer Stellung die Lichtkegel nach oben. Unsere Scheinwerfer begannen zu tasten.

Das Brummen wuchs zum Dröhnen, die Spitze des Bomberpulks schwenkte auf unsere Stellung ein.

»Feuer frei!«

Ich handelte wie im Fieber.

Granate um Granate flog durch meine Hände. Ich spürte keine Angst. Es war, als sei ich eine Maschine geworden.

Die Bomber öffneten ihre Schächte. Über uns!

Sekunden später war die Hölle los.

Es heulte herunter, schlug vor den Geschützen im Wald ein, barst mit donnerndem Dröhnen.

Jetzt biß ich doch die Zähne zusammen. Die Angst kam! Aber ich hielt aus.

Und plötzlich war das Heulen und Krachen überall. Vor mir, in meinem Rücken, links und rechts. Die Erde zitterte. Es barst in der Luft, Trümmer flogen mir um die Ohren; dort, wo der Parkplatz lag, knallten Explosionen und zischten Stichflammen in die Höhe; Schreie gellten; Kommandos bellten dazwischen – dann wollte ich schreien, aber der Schrei blieb mir in der Kehle stecken. Eine Riesenfackel sauste vom Himmel ...

»Volle Deckung!« brüllte Leutnant Vogt.

Ich preßte die Granate, die ich in den Händen hielt, an die Brust und warf mich zu Boden.

Donner und Blitz in nächster Nähe!

Ich wurde in die Höhe geschleudert, fiel nieder, lag halb benommen. Ich spürte nichts mehr, meine Ohren waren taub geworden.

Plötzlich spürte ich die Hitze.

Ich war unfähig, mich zu rühren. Ich fühlte nur, daß ich etwas an mich drückte, und mir war, als müßte ich mich daran festhalten.

Zwei Fäuste rissen mich hoch.

Ich sah Feuer und ließ mich ziehen.

Noch immer bebte die Erde, das spürte ich, und jetzt erkannte ich den, der mich wegschleifte.

Nullkommafünf!

Er schrie etwas, das ich nicht verstand, und wieder nahm ich es nur mit den Augen auf: Nullkommafünf entriß mir das Kühle, an das ich mich klammerte.

Die Flakgranate!

Er ließ mich fallen, rannte mit dem Geschoß weg und kehrte kurz darauf mit leeren Händen zurück. Jetzt kümmerte er sich nicht weiter um mich, sondern eilte in Richtung unseres Geschützes.

Allmählich sammelte ich meine Gedanken. Ich sah, daß ich im Splittergraben vor unserer Baracke lag ...

Dann war Ruhe. Der Angriff auf unsere Großbatterie hatte nur wenige Minuten gedauert.

Allmählich ließ das Dröhnen in meinen Ohren nach. Zuerst schwach, dann immer deutlicher, vermochte ich einzelne Geräusche zu unterscheiden.

Mühsam kroch ich aus der Deckung.

Knapp dreißig Meter vor unserem Geschütz loderte das Gehölz. Dort hatte die ›Riesenfackel‹ eingeschlagen.

Ein abgeschossener Feindbomber!

Ich taumelte dorthin, wo ich Leutnant Vogt kommandieren hörte. Er sammelte seine Leute unweit der Brandstelle. Noch immer war ich unfähig, einen eigenen Entschluß zu fassen. Mechanisch führte ich Befehle aus. Jemand drückte mir einen Spaten in die Hand. Ich schuftete wie ein Wilder, stach Erdbrocken aus und warf sie in die Flammen. Erst nach einer Weile merkte ich, daß Gerngroß neben mir arbeitete.

»Wo ist Thumser?« schrie ich.

Er zuckte die Schultern.

Ich fragte nicht weiter. Die Hitze sog den Schweiß aus den Poren und dörrte die Zunge.

Ich schaufelte – warf – schaufelte – warf ... bis zum Umfallen. Dann führte mich jemand in die Baracke.

Nullkommafünf?
Haberzettel?
Einer der Alten?
Ich wußte es nicht ...

Die Trillerpfeife weckte mich. Es war Morgen.
Ich hatte angekleidet auf dem Bett gelegen – genauso wie die anderen, die sich jetzt ebenfalls aufrappelten.
Thumser und Schröder fehlten!
Unteroffizier Haberzettel stand fertig angekleidet in der Stube. Er sah übernächtig aus, wirkte jedoch sonst erstaunlich frisch.
»Alle herhören!«
Auf einmal bekam ich Herzklopfen.
Haberzettels Miene verhieß nichts Gutes.
Ich kniff die Daumen ein.
»Der Angriff gestern abend galt dem Stadtzentrum, in erster Linie dem Hauptbahnhof«, erklärte Haberzettel. »Sieben Feindmaschinen griffen unsere Batterie an. Ein Bomber wurde durch Geschütz zwo der Zwoten abgeschossen, ein weiterer durch Geschütz eins der Dritten! Eigene Verluste: ein Lkw und ein Kübelwagen, die auf dem Parkplatz abgestellt waren, und ... ein Wachtmeister und ein Gefreiter der dritten Batterie; beide gefallen. Mehrere Verwundete bei der Ersten und Dritten.«
Haberzettel machte eine Pause, dann sprach er mit deutlich hörbarer Bewegung weiter: »Unsere Zwote beklagt den Tod des Flakhelfers Schröder. Unter den Verwundeten befindet sich Flakhelfer Thumser. Ein Trümmerstück der abgeschossenen Feindmaschine riß ihm den rechten Fuß ab. Die Verwundeten wurden von unserem Arzt behandelt und noch in der Nacht ins Lazarett gefahren.«
Wir sahen zu Boden, bis Hauschild murmelte: »Schröder wäre am Fernmeßgerät gehockt und Thumser am Scheinwerfer ...«
»... wenn Nero nicht den Telefondienst übernommen hätte«, ergänzte Gerngroß.
»Jeder kämpft auf seine Weise«, erwiderte Unteroffizier Haberzettel, »und Telefonisten muß es auch geben. Nicht jeder eignet sich dazu. Studienrat Winkler bekam durch einen Bombensplitter einen Riß am Oberarm ab.«
»Ist er auch ins Lazarett gekommen?« fragte ich erschrocken.

Haberzettel grinste. »Nee, Kleiner, der bleibt! Hat sich verbinden lassen – Tetanusspritze – fertig! Aber erst hat er deine Granate abgeliefert, Bürschchen. So 'n Ding nimmt's übel, wenn's Feuer spürt.«

»Wird er durchkommen, Herr Unteroffizier?« fragte ich schwach.

»Dr. Winkler? – Dem fehlt doch weiter nichts!«

»Thumser!« rief ich.

»Aber ja, und es gibt recht anständige Prothesen. Schluß der Debatte! Fertigmachen! In zehn Minuten raustreten!«

Es schien, als sollte an diesem Tag alles zusammenkommen.

Gegen zehn Uhr trafen zwölf RAD-Mädchen ein. Sie sollten im Telefondienst und an den Horchgeräten ausgebildet werden.

Kurz nach Mittag packten sieben jüngere Soldaten vom Stammpersonal ihre Sachen.

Obergefreiter Maier zwo atmete auf, daß er nicht dabei war.

»Die kommen an die Ostfront«, behauptete er. »Die meisten Flakleute, die sie in der letzten Zeit aus der Heimat abgezogen haben, werden gegen die Russen eingesetzt.«

Woher er diese Weisheit hatte, sagte er nicht.

Ich schnappte sie auf, als ich in den Waschraum ging, um die Hände zu säubern. Da stand Maier zwo mit einem der älteren Soldaten beisammen. Die beiden unterbrachen ihr Gespräch keineswegs, als ich auftauchte.

Es war nach dem Essen, kurz vor Beginn des Nachmittagsdienstes.

»An die Ostfront zu kommen, ist so ziemlich das Letzte, was ich mir wünsche«, meinte der andere. »Die Russen sollen eine unheimliche Menge Panzer einsetzen. Für einen, der abgeschossen wird, rollen zwei neue an. Das hab ich von einem Urlauber gehört.«

Maier zwo nickte. »Eben. Ich hab was gegen Panzer und nicht den geringsten Ehrgeiz, mir 'n Birkenkreuz zu verdienen. Es geht jetzt ja auch bei uns ganz schön rund, aber im Osten liegen sie Tag für Tag und Nacht für Nacht im Dreck und kriegen die dicken Brocken um die Ohren.«

»Dafür, daß sie uns noch dalassen, sollten wir heute abend einen hinter die Binde gießen, meinst du nicht auch?« grinste der andere.

»Einverstanden!« sagte Maier zwo vergnügt.

Zum erstenmal verspürte ich Angst um Papa. Wie die beiden vom Osten gesprochen hatten ...

Haberzettels Trillerpfeife riß mich aus meinen Gedanken. Ich trocknete rasch die Hände und lief, um nicht zu spät zum Antreten zu kommen ...

Um acht Uhr am Abend zog ich auf Wache.

Es war empfindlich kühl.

Ich schlug den Mantelkragen hoch und ging meine Runden.

Gegen neun wurde es vor unserer Nachbarbaracke laut.

Jemand begann mißtönend zu singen, während ein anderer sich bemühte, ihn zur Ruhe zu bringen.

> »Rosemarie, haho! Rosemarie, haho!
> Denke nur an sie!«

»Mensch, halt die Klappe! Oder willst du dich einbuchten lassen?!«

Der Sänger blieb stur.

> »Aber wenn der Führer ruft,
> dann ade, Rosemariiiie!«

»Halt's Maul, du Idiot!«

Der Sänger war blau. Mit dem Eigensinn des Betrunkenen grölte er: »Wenn der Führer ruft, Herbert – hick! – Von mir aus – hick! – kann er rufen, bis er schwarz wird! Mein Führer – hick! – sage ich, mein Führer, Obergefreiter – hick! – Maier zwo hat die Schnauze voll – hick! – Mach deinen Dreck alleine!«

Das übrige erstickte in wütendem Gurgeln. Der andere schien Maier zwo den Mund zuzuhalten.

Aber der Obergefreite mußte sich gleich darauf losgerissen haben. Er schimpfte weiter.

»Der Führer kann mich am ...!«

Weiter kam er nicht.

Er gurgelte wieder, und jetzt hörte ich andere Stimmen. Mehrere Soldaten mußten ins Freie geeilt sein. Anscheinend schleppten sie den Ruhestörer weg.

Ich stand in der Nähe unseres Geschützes und sah nur Konturen. Es war ziemlich dunkel, außerdem nahmen die Stämme der Bäume die Sicht. Auf keinen Fall hätte ich meinen Platz verlassen. Ich wollte weder etwas gesehen, noch Genaueres gehört haben, wenn der Krawall untersucht wurde.

Der Schreck saß mir in den Gliedern.

Was Maier zwo von sich gegeben hatte, konnte ihn Kopf und Kragen kosten!

Ich dachte an die Kastanie hinter dem Stacheldraht.

Nein – ich wollte nicht dazu beitragen, daß Maier zwo so endete!

Verdammter Alkohol!

Es war ruhig geworden, doch die Ruhe bedrückte mich, statt mich zu erleichtern. Ich hatte ein unangenehmes Gefühl.

Als nichts weiter geschah, setzte ich meinen Rundgang fort ...

Es mochte etwas mehr als eine halbe Stunde vergangen sein, als ich eine Gestalt entdeckte, die von den Baracken her auf die Geschütze der Zwoten zukam.

Ich riß das Gewehr von der Schulter und entsicherte.

»Halt – Prinz!«

»Eugen!« Die Antwort folgte sofort.

Leutnant Vogt!

Ich schlug die Hacken zusammen und meldete: »Flakhelfer Briel auf Wache – keine besonderen Vorkommnisse!«

»Sie haben wohl geschlafen, Briel, was?« fragte Vogt scharf.

»Nein, Herr Leutnant!«

»Hören Sie schlecht?!«

»Nein, Herr Leutnant!«

»Wollen Sie vielleicht behaupten, Sie hätten das Gebrüll des Obergefreiten Maier zwo nicht gehört?!«

»Doch, Herr Leutnant!«

»Na also! Was hat er verzapft?«

»Obergefreiter Maier zwo hat gesungen, Herr Leutnant. Ich glaube das Lied von der Rosemarie.«

»Und sonst?«

»Das übrige konnte ich nicht verstehen, Herr Leutnant. Der Obergefreite Maier zwo redete zu undeutlich, und ich stand ziemlich weit weg.«

Vogt sah mich lange an, dann sagte er: »Na schön – weitermachen!« und ging zu den Baracken zurück.

Um zehn löste mich ein ›Alter‹ ab.

»Dicke Luft!« brummte er.

Ich stellte mich ahnungslos. »Wieso?«

»Maier zwo ist 'n Idiot!« fuhr der andere fort. »Besäuft sich und schimpft auf den Führer!«

»Ich hab ihn lärmen hören, aber nichts verstanden«, sagte ich vorsichtig.

100

»Dein Glück!« flüsterte der Alte. »Sie quetschen alle aus, die dabeigewesen sind.«

»Wen meinst du mit sie?« fragte ich.

»Leutnant Vogt und euren Parteimann.«

»Nero?«

»Ich glaube, so habt ihr ihn getauft.«

»Hat jemand Maier zwo angezeigt?«

»Nein, euer Nero scheint selber was gehört zu haben. Nicht genau, deshalb möchten sie's von anderen wissen.«

»Und die anderen?«

Der Alte zuckte die Schultern. »Der, mit dem Maier zwo getrunken hat, ist selber besoffen, wenigstens tut er so; aus dem kriegen sie nichts raus. Die übrigen behaupten, sie hätten nur Schimpfen gehört, aber nichts Rechtes verstanden.« Er zwinkerte mir zu. »Ist sonst 'n netter Kumpel, der Maier zwo. Hat 'ne Familie daheim, Frau und Kinder, und im Suff – na ja.«

»Was sagt er selber?«

»Gar nichts, er ist noch blau. Leutnant Vogt hat ihn in den Bunker sperren lassen. Menschenskind, ich möchte morgen früh nicht in seiner Haut stecken! Hoffentlich erinnert er sich an nichts mehr!«

»Was sagt der Chef?«

»Vollmer?«

»Ja!«

»Der ist kurz nach acht in die Stadt gefahren. Lagebesprechung oder was Ähnliches. Soll erst morgen abend wiederkommen. Vogt vertritt ihn. Der ist vielleicht geladen, Junge! Soll von einundzwanzig Tagen verschärftem Arrest gesprochen haben!«

»Dann geht's ja noch!« Mir war um vieles leichter.

»Vogt kennt Maier zwo seit langem«, fuhr der Alte fort. »Sieht so aus, als ob er ihm das Schlimmste ersparen möchte. 'n feiner Kerl!«

»Das Schlimmste?« fragte ich. »Was meinst du damit?«

Statt einer Antwort fuhr sich der Alte mit dem Finger um den Hals. »Das, Kleiner – und jetzt hau ab! Du mußt dich von der Wache zurückmelden!«

Ich lief in unsere Baracke und meldete mich bei Unteroffizier Haberzettel.

»Sofort schlafen gehen!« befahl dieser brummig. »Gequasselt wird nicht mehr, verstanden?!«

»Jawoll, Herr Unteroffizier!«

Im Schlafraum brannte Licht, doch keiner der Kameraden sagte ein Wort. Ich merkte, daß niemand schlief. Aber Haberzettels Befehl verschloß jedem den Mund. Ich ahnte, warum der Unteroffizier das Sprechen verboten hatte. Es sollte nichts über Maier zwo geredet werden.

Wenige Minuten später ging ich zu Bett.

Haberzettel löschte das Licht . . .

Am anderen Morgen, einige Minuten nach dem Wecken, traf ich den Alten, der mich von der Wache abgelöst hatte, beim Austreten.

»Euer Nero ist gestern nacht losgefahren«, flüsterte er mir zu. »Gegen elf. Hab ihn erkannt. Er war in Parteiuniform. Einer von der Dritten brachte ihn mit dem Krad weg.«

»Meinst du . . .?« fragte ich erschrocken.

Er ließ mich nicht ausreden. »Keine Ahnung, und ich hab auch nichts gesagt, verstanden?«

»Schon gut.«

Beim Antreten klapperte ich nach, als Haberzettel »Stillgestanden!« kommandierte, und steckte einen gepfefferten Anpfiff ein.

Haberzettel war geladen.

Beim Geschützexerzieren konnte es ihm keiner recht machen. Leutnant Vogt ließ sich nicht sehen.

Gegen neun platzte die Bombe.

Nero war da, Oberleutnant Vollmer und – ein Kommando aus der Stadt! Es war heller Tag, wir konnten die Männer von unserem Geschütz aus deutlich erkennen.

Ich biß die Zähne zusammen.

»Weitermachen!« brüllte Haberzettel wütend, aber ich merkte, daß auch er zum Bunker schielte, in dem die Männer verschwunden waren.

Es dauerte nicht lange, bis das Kommando wieder auftauchte. Mit Maier zwo! Vollmer und Nero waren im Bunker geblieben. Maier zwo ging mit gesenktem Kopf. Er sah weder nach rechts noch nach links.

Die Fremden verschwanden mit ihm in Richtung Parkplatz. Kurz darauf sprang der Motor eines Kraftwagens an.

»Sie haben ihn verhaftet!« sagte Gerngroß.

»Sauerei!« murmelte Unteroffizier Haberzettel vor sich hin,

dann drehte er sich zu uns herum und schrie: »Ihr wollt wohl Feierabend machen was?! – Volle Deckung! – Ans Geschütz! – Volle Deckung! – Ans Geschütz! – Bevor ihr gekommen seid, ist hier kein Saustall losgewesen! – Volle Deckung! – Ans Geschütz!«

11.

Anfang November 1944.

Was immer wiederkehrte, wurde zum Alltäglichen.

Alltägliches stumpfte ab.

Das war gut so. Je mehr ich abstumpfte, desto mehr schwand die Angst. Nur in manchen Nächten quälten mich Träume.

Dann sah ich die anderen und hörte sie: Maier zwo, Anna Thumser, Schröder, Wittmann, Heller . . .

Sie trugen die Züge des Gehängten, dessen Gesicht ich nur einen Augenblick angestarrt hatte. Dann kam das Grauen wieder, und ich fürchtete mich.

So seltsam es klingen mochte: Manchmal war ein Nachtalarm wie eine Erlösung!

Gerngroß hatte Haberzettel gefragt, was mit Maier zwo geschehen werde.

Haberzettel zuckte die Schultern. »Der Chef setzt sich für ihn ein, so gut er kann. Vielleicht teilen sie ihn nur einer Strafkompanie zu. Im anderen Fall . . .«

Er machte eine abwehrende Handbewegung. »Lassen wir's!«

In der Stellung stieß Nero auf Schweigen. Selbst Leutnant Vogt schnitt ihn. Wir Flakhelfer mußten ihn ertragen.

Ich bekam einen Brief von Papa. Er schrieb, daß er gut angekommen sei, und daß es sich in seinem Abschnitt aushalten lasse . . .

In der Nacht vom 6. auf den 7. November war der Teufel los. Feindflugzeuge bombardierten wieder einmal unsere Stellung. Ich stand am Geschütz und hielt durch. Unsere Baracke bekam einen Volltreffer ab. Es gab Tote und Verwundete. Hauschild fiel, Schneider wurde schwer verletzt. Selbstverständlich machte Nero wieder Telefondienst, natürlich im Bunker! Wir erzielten zwei Abschüsse, einen davon durch ›mein‹ Geschütz, und beschädigten mehrere Bomber. Nach den Aufräumungsarbeiten schliefen wir in Zelten.

Durch einen Soldaten, der aus der Stadt zurückkehrte, ließ Mama mir mitteilen, daß unser Haus durch Bordwaffenbeschuß leicht beschädigt worden sei. Sonst sei alles in Ordnung.

Am Nachmittag, der dem Angriff folgte, geriet unsere Stellung noch einmal in Bewegung.

Zehn Mann des Stammpersonals, wiederum jüngere Leute, wurden abgezogen. Es hieß, daß sie an die deutsche Westgrenze kommen sollten, um den Ansturm der Amerikaner und Briten abwehren zu helfen.

Aus der Stadt traf ein Trupp kriegsgefangener Russen ein. Sie begannen sofort, neue Baracken und einen zweiten Bunker für uns zu errichten. Ihre Wächter waren mitgekommen; ältere Landesschützen, die nur mehr ›garnisonsverwendungsfähig Heimat‹ geschrieben waren. Die meisten trugen das Verwundetenabzeichen. Sie sahen so ausdruckslos drein wie die Gefangenen.

Nero strich immer wieder in der Nähe der Russen umher. Niemand sollte diesen ›Untermenschen‹, wie er sich ausdrückte, Nahrungsmittel oder Zigaretten zustecken. Es geschah trotzdem.

Gegen Abend erhielten wir ›Verstärkung‹: weitere 12 RAD-Mädchen von schätzungsweise siebzehn oder achtzehn Jahren. Sie sollten als Flakhelferinnen ausgebildet werden.

»Von denen lach ich mir eine an«, grinste Barbarossa.

»Drecksack!« sagte Walter Müller.

Die zwölf kamen in die erste von den Russen aufgestellte Baracke. Sie stand hinter der Offiziersbude, und Leutnant Vogt drohte, er werde jeden einbuchten lassen, der auffällig dort herumstreiche.

Am Morgen des 9. November hielt Oberleutnant Vollmer vor der vollzählig angetretenen Großbatterie eine Ansprache. Er gedachte der Nationalsozialisten, die am 9. November 1923 in München während des Marsches zur Feldherrnhalle unter den Schüssen der Reichswehr zusammengebrochen waren.

In der Spitzengruppe dieses Zuges war Adolf Hitler mitmarschiert.

Was wäre wohl geworden, wenn eine Kugel damals auch ihn getroffen hätte?

Ich erschrak vor diesem Gedanken. Soweit war es schon mit mir gekommen!

Am Nachmittag besuchten uns der Kreisleiter und der Bannführer. Nero trug wieder seine braune Uniform. Er hatte uns
Flakhelfer im Unterrichtsraum versammelt.

In seiner Ansprache stellte uns der Bannführer die Gefallenen Schröder und Hauschild als Vorbilder hin, denen wir
nacheifern sollten. Der Kreisleiter bezeichnete den Obergefreiten Maier zwo als einen jener Verräter, die dem deutschen
Volk in der schwersten Stunde seines Schicksalskampfes in den
Rücken fallen. Solche Elemente gelte es auszumerzen.

Dann gratulierten mir der Kreisleiter und der Bannführer
zum EK II.

Ich biß die Zähne zusammen . . .

Am Abend besuchte ich Nullkommafünf in seinem Zimmer.

»Haben Sie Näheres über Frau Thumser erfahren, Herr Studienrat?«

»Nein, Briel. Nur wenige dürften wissen, wohin sie gekommen ist, und diese wenigen schweigen.«

»Konzentrationslager, Herr Doktor?«

»Vermutlich.«

»Was geschieht dort mit den Inhaftierten, Herr Studienrat?
Müssen sie hart arbeiten, oder sind sie bloß eingesperrt?«

Nullkommafünf sah mich eine Weile an, dann antwortete er.
Zum erstenmal hörte ich von Schrecklichem, das in diesen La-
gern geschah.

Sklavenarbeit – Mißhandlungen – Morde.

Dabei fühlte ich, daß Nullkommafünf barmherzig war. Er
verschwieg mir das Ärgste.

Aber er ließ auch denjenigen, von denen er sich innerlich
längst getrennt hatte, Gerechtigkeit widerfahren.

»Nicht jeder, der eine braune Uniform oder den Totenkopf
an der Mütze trägt, ist ein Unmensch, Briel! Es gibt Parteiführer und SS-Leute, die menschlich geblieben sind. Manche
von ihnen verschwanden hinter denselben Mauern wie die
Unglücklichen, die als Volksschädlinge oder Untermenschen
gebrandmarkt wurden.«

Nullkommafünf atmete schwer.

»Ich bin kein Freund des Gegners«, fuhr er bitter fort: »Alle
haben Hitler anerkannt: Amerikaner, Franzosen, Engländer
und Russen! Sie nahmen diplomatische Beziehungen zu ihm
auf und schickten ihre Jugend zur Olympiade nach Berlin. Sie

gaben nach, wo sie ein klares Nein hätten sprechen müssen. Sie opferten Österreich und die Tschechoslowakei und bestärkten damit den Diktator im Gefühl seiner Unbesiegbarkeit. Jetzt werfen sie Bomben auf unsere Städte; nicht nur auf kriegswichtige Anlagen, sondern auch auf Wohnviertel, in denen sie Frauen, Kinder und Greise treffen!«

Er brauchte nicht mehr zu sagen, wir verstanden uns.

Nullkommafünf glaubte nicht an den Endsieg, aber er stand seinen Mann, wenn es galt, den Bombenwerfern einzuheizen. Er kämpfte nicht für die Weltanschauung, der er den Untergang wünschte, sondern für die Verängstigten, Verzweifelten und Hilflosen in den Kellern unserer Stadt.

Er trug das Parteiabzeichen am Rockaufschlag und stand auf der anderen Seite.

Er bewies mir, daß der Mann an der Kastanie und Obergefreiter Maier zwo keine Ausnahmen waren.

Er gab sich in meine Hand.

Wenn ich ein einziges Wort zu Nero sagte . . .

Nullkommafünf brauchte mich nicht zu fürchten; er hatte mich überzeugt.

Ich fragte ihn, warum er sich gerade mir anvertraute.

Er antwortete ohne Zögern.

»Eines Tages werden wir nicht mehr in die Luft feuern, Briel, sondern auf Erdziele, wie es so schön heißt. Auf Panzer und Kraftwagen, die den roten oder weißen Stern tragen. Dann ist der Augenblick gekommen, an dem Besonnene weiteres sinnloses Blutvergießen verhindern werden, selbst wenn sie die Wahnsinnigen, die bis zum letzten Atemzug durchhalten wollen – entwaffnen müßten. – Ich kenne Sie und Ihre Kameraden, Briel; schließlich sind Sie alle meine Schüler. Gerade Sie, mein Junge, habe ich eingehend beobachtet, und als Sie von Ihrem ersten Stadturlaub zurückkehrten, sah ich Ihnen an, daß Sie nachdenklich geworden waren. In den folgenden Gesprächen wurde mir klar, wie es in Ihnen aussah. – Seitdem Bayer ins Lazarett gekommen ist, hören Ihre Kameraden auf Sie, auch das weiß ich. Deshalb, Briel! Wenn es zum Äußersten kommen sollte, werden Sie die Jungen vor Unüberlegtem zurückhalten und sich und Ihre Kameraden in Sicherheit bringen lassen. Ich weiß, daß Sie überzeugend reden können, wenn es darauf ankommt. Sie alle sind jung und sollen weiterleben!«

Mir schwindelte.

»Warum sind Sie in die Partei eingetreten, Herr Studienrat?« fragte ich mühsam.

Nullkommafünf nahm mir die Frage nicht übel.

»Ich bin Parteigenosse seit 1932. Damals war ich einundvierzig und sah – wie viele andere – in Hitler den einzigen Mann, der Ordnung in unserem Staat, in dem es drunter und drüber ging, schaffen konnte. Er hatte zudem versprochen, sich an die demokratischen Spielregeln zu halten. Dann kam alles anders, und als mir die Augen aufgingen, war es zu spät. Ich bin kein Held, Briel. Zum offenen Widerspruch fehlte mir der Mut. So hielt ich mich zurück, wo es ging, und besuchte nur die öffentlichen Kundgebungen und Schulungsabende, denen ich nicht ausweichen konnte, wenn ich mich nicht verdächtig machen wollte. Ich fiel trotzdem auf, und man überging mich bei Beförderungen und Ernennungen. Als ›Hundertprozentiger‹ wäre ich längst Oberstudienrat geworden. Dann und wann versuchte man mir eine Falle zu stellen und mich zu Äußerungen zu bewegen, die mir gefährlich werden konnten. Ich nahm mich zusammen und überlegte jedes Wort, das ich sprach. Selbst im ›vertraulichen Gespräch‹ – vor allem mit Dr. Ammon – ließ ich mich nicht gehen. – Hätte ich das Parteiabzeichen zurückgeben sollen?«

Er wartete meine Antwort nicht ab, sondern antwortete selbst.

»Ich bewundere Märtyrer, Briel, aber ich selbst bin nicht dazu geboren. – Immerhin sehe ich jetzt meine Aufgabe. Sie, Briel, und Ihre Kameraden sollen überleben, und Sie werden mir dabei helfen. Gute Nacht, mein Junge!«

»Gute Nacht, Herr Doktor, ich – ich danke Ihnen!«

Unser Händedruck war ein Versprechen . . .

In den folgenden Tagen sprach ich mit Walter Müller und Gerngroß. Zuerst vorsichtig, dann immer offener, als ich erkannte, daß auch Walter sich überzeugen ließ und schweigen konnte. Gerngroß dachte längst wie ich.

Hin und wieder gingen wir zu dritt zu Nullkommafünf. Wir schlichen wie Diebe im Dunkel und hatten Glück. Nero erfuhr nichts von unseren Zusammenkünften . . .

Ende November . . .

Nero beging seinen 55. Geburtstag. In unserem Namen gratulierte Primus Alfred Schmidt; er tat es ohne Begeisterung.

Nero ließ die Lateinstunde ausfallen. Dafür gab er ›vaterländischen Unterricht‹. Er las uns die Ergänzungsmeldung zum letzten Wehrmachtbericht vor:

»In der Abwehrschlacht südöstlich Libau zeichnete sich das Grenadierregiment 4 unter Führung von Major von Bismarck durch hervorragende Standfestigkeit aus. Im gleichen Kampfraum hat der Stabsgefreite Eil einer Füsilierschwadron in aufopferndem Heldentum allein einen feindlichen Stoßtrupp im Nahkampf zurückgeschlagen und hierbei vier ihn umklammernde Bolschewisten durch Abziehen einer Handgranate vernichtet, wobei dem tapferen Füsilier die Hand abgerissen wurde.«

Neros Stimme dröhnte.

»Das ist Nibelungentreue, Flakhelfer! Eine Verpflichtung für jeden einzelnen von euch!«

»Von uns müßte er sagen«, flüsterte Gerngroß.

Nero sah, wie der Kleine die Lippen bewegte, aber er hatte anscheinend nichts verstanden.

»Was meinten Sie, Gerngroß?«

»Ich meine, es wäre nicht nur eine Verpflichtung für die Flakhelfer, Herr Oberstudienrat, sondern eine Verpflichtung für jeden Deutschen.«

Nero stutzte, dann erwiderte er hastig: »Selbstverständlich, Gerngroß, ich behauptete nichts anderes. – So, den Rest der Stunde schenke ich euch. Ihr habt mir zum Geburtstag Glück gewünscht, da will ich mich erkenntlich zeigen. Heil Hitler!«

Er nickte uns zu und verließ den Unterrichtsraum. Es sah wie eine Flucht aus . . .

Eine Dreiviertelstunde später – vor Beginn des Mathematikunterrichts – gab uns Nullkommafünf das Urteil bekannt, das gegen Maier zwo gefällt worden war. Er hatte es von Leutnant Vogt erfahren.

Der Obergefreite war vom Kriegsgericht zum gemeinen Soldaten degradiert und einer Strafkompanie überstellt worden.

»Was müssen die Soldaten einer Strafkompanie tun, Herr Studienrat?« erkundigte sich Manfred Huber, der ›Generalstäbler‹.

Wir reckten die Hälse.

»Sie werden zu besonders gefährlichen Arbeiten eingesetzt«, erwiderte Nullkommafünf. »Zum Minenräumen zum Beispiel, beim Entschärfen von Blindgängern – ihre Verluste sind ungewöhnlich hoch. Und nun wollen wir uns dem heutigen Pensum in Mathematik zuwenden . . .«

Der nächste Morgen brachte eine Überraschung.
Nero verabschiedete sich!
Er sagte, er wolle im Schicksalskampf des deutschen Volkes an entscheidender Stelle seinen Mann stehen. Deshalb habe er sich an die Ostfront gemeldet, um im Erdkampf eingesetzt zu werden.
»Ich fresse einen Besen, wenn das wahr ist«, sagte Walter Müller, als Nero gegangen war. »Neros Platz ist dort, wo mit Phrasen geschossen wird!«
Gerngroß drückte es anders aus.
»Er geht wegen Maier zwo – aber er wird auch anderswo seinen Bunker finden.«
Nach dem Mittagessen wurde die Post ausgegeben. Ich erhielt einen Brief von Papa. Er war fast eine Woche unterwegs gewesen. Aus vorsichtig formulierten Andeutungen fand ich heraus, daß sich Papas Einheit im Raum von Libau befand . . .
Gegen sechzehn Uhr raste ein – vermutlich abgesprengter – britischer Jäger über unsere Stellung. Er flog in großer Höhe und ließ uns ungeschoren. Wir jagten ihm einige Granaten vor die Schnauze, ohne zu treffen.

In den folgenden Tagen trafen in der Nähe unserer Flakstellung verschiedene Arbeitstrupps ein: dienstverpflichtete ältere Männer, die frontuntauglich waren, aus der Stadt; Kriegsgefangene und Jungen vom Arbeitsdienst. Sie besserten Straßen aus, legten Fahrwege an, bauten Bunker und schaufelten Gräben.
Ich lernte die verschiedensten Temperamente kennen. Auch bei den Arbeitseinheiten gab es noch Begeisterte, aber sie waren in der Minderzahl. Die Schicksalsergebenen und Abgestumpften herrschten vor.
Vereinzelt tauchten tagsüber Störflugzeuge auf. Wir erzielten keinen Abschuß. Es hätte Granaten geben müssen, deren Flugbahn vom Boden aus gesteuert werden konnte!
Unteroffizier Haberzettel brachte die neueste Zeitung aus der Stadt mit. Sie ging von Hand zu Hand.
Drei ganze Seiten waren in kleine Kästchen aufgeteilt, von denen jedes mit dem Eisernen Kreuz ›geziert‹ war.

Todesanzeigen!

Namen – Namen – Namen . . .

Oberstleutnant – Major – Hauptmann – Oberleutnant – Feldwebel – Unteroffizier – Gefreiter – Soldat . . .

Unteroffiziere und Mannschaften überwogen.

Gefallen im Westen, im Süden, an der Ostfront;

zu Lande, zu Wasser und in der Luft.

Und unter jeder Todesanzeige stereotyp:

»In stolzer Trauer‹, gezeichnet die Namen der Hinterbliebenen in der Heimat.

Einige dieser Hinterbliebenen kannte ich . . .

Ich kannte Frau Hesse. Eine Witwe. – Nun war ihr Ältester mit einundzwanzig Jahren an der Ostfront ›für Führer und Reich‹ gefallen.

»In stolzer Trauer:

Marianne Hesse und Sohn Gerd«

las ich. Gerd war knapp dreizehn.

Die Zeitung log!

›In stolzer Trauer‹ war die vorgeschriebene Formel, die Heroismus vortäuschte, wo Verzweiflung regierte.

Nullkommafünf sprach zu Walter Müller, Gerngroß und mir von Phrasen, die selbst den Schmerz entweihen.

Wir drei waren uns einig.

Solange es nötig war, wollten wir unsere Pflicht als Soldaten erfüllen, aber wir legten keinen Wert darauf, in stolzer Trauer beweint zu werden.

12.

Weihnachten 1944.

Der Wehrmachtbericht meldete heftige Kämpfe in Südbelgien, im Raum von Aachen, im mittleren Luxemburg, im Oberelsaß, in Mittelitalien, in Ungarn, an der slowakischen Südostgrenze, in Kurland und Luftangriffe auf Westdeutschland, das Ostseegebiet und Orte in Süddeutschland.

Aus der Ferne hörten wir das Detonieren der Bomben und das Ballern der Flak.

In unserer Stadt und über unserer Stellung war Ruhe.

Verdammte, nervenzermürbende Ruhe!

Nur drei von uns durften über die Weihnachtsfeiertage nach

Hause. Ich war nicht dabei. Wir anderen mußten ›die Stellung halten‹. Dafür sollten wir über Neujahr Urlaub bekommen. Schade! Mir wäre Weihnachten lieber gewesen.

Im Unterrichtszimmer gab es einen Christbaum und eine kleine Weihnachtsfeier mit anschließender Bescherung. Die ›Geschenke‹ bestanden in der Hauptsache aus Alkohol.

Nullkommafünf sprach über die Friedensbotschaft von Bethlehem. Als wir ›Stille Nacht‹ sangen, sahen wir aneinander vorbei.

Auch während der folgenden Tage und Nächte gab es keinen Alarm.

Dann kam Silvester.

Jetzt waren wir ›Neujahrsurlauber‹ dran: Gerngroß, Willi Braun, Walter Müller und ich.

Der Chef zeigte sich großzügig. Er beurlaubte uns bis zum 4. Januar fünfzehn Uhr – falls wir nicht plötzlich anders verständigt würden.

Unteroffizier Haberzettel nahm nur eine flüchtige Kontrolle vor, ehe wir das Lager verließen.

Nullkommafünf fuhr mit. Er wollte einen pensionierten Kollegen besuchen.

Ein Lkw brachte uns in die Stadt und setzte uns in der Nähe unserer Schule ab. Als wir uns trennten, wünschten wir einander ein gutes neues Jahr.

»Besser als das alte«, meinte Nullkommafünf.

Es war kalt, die Straßen lagen schneefrei. Nur da und dort auf den Mauern einiger Ruinen, auf Schutthaufen und in einigen Winkeln der Gassen hatten sich Fleckchen von Weiß gehalten.

Ich begegnete wenigen Menschen. Sie hatten es eilig und sahen alles andere als festlich gestimmt aus.

Aus einer Seitenstraße bog ein Trupp Kriegsgefangener ein. Russen.

Sie trotteten dahin, als würden sie an Fäden gezogen. Nur die Augen lebten. Sie tasteten den Schmutz ab; nach einer Brotrinde vielleicht, einer gefrorenen Kartoffel oder einer Zigarettenkippe. Die Landesschützen, die den Zug begleiteten, schauten mürrisch. Ich atmete auf, als ich zu Mama kam.

Sie hatte mich erwartet; durch einen Kameraden hatte ich ihr mitteilen lassen, ich würde zu Silvester nach Hause kommen. Es war ihr gelungen, ›schwarz‹ ein Stück Selchfleisch aufzutreiben. Ich fragte nicht, was sie dafür eingetauscht hatte. Natürlich stand auch ich nicht mit leeren Händen da. Ich hatte Knäckebrot mitgebracht, eine kleine Büchse Leberwurst und eine Flasche Kognak. Französischen!

Jeder von uns hatte eine Flasche als Weihnachtsgeschenk erhalten. Mama zeigte mir einen Brief, der am Vormittag eingetroffen war. Von Papa!

Er schrieb, daß es ihm gut gehe, und daß wir uns keine Sorgen um ihn machen sollten.

»Ich denke, daß ich spätestens im April auf Urlaub kommen werde«, hieß es zum Schluß. Das Wort Urlaub war unterstrichen. Mama und ich wußten, was das bedeutete. Papa meinte das Kriegsende . . .

Wir feierten den Silvesterabend bei Kerzenschein. Die Stromversorgung war wieder einmal unterbrochen. Notaggregate gab es nur in militärischen Stellungen und in kriegswichtigen Betrieben.

Die Fenster waren dicht verhängt.

Neben Mama stand das Köfferchen mit dem ›Kellergepäck‹. Es enthielt vor allem wichtige Papiere.

Gegen zehn Uhr kam der Strom wieder.

Mama stellte das Radio an, es brachte leise Musik. Ich hoffte, sie möge nicht plötzlich durch das schreckliche »Achtung, Achtung!« unterbrochen werden, das den Anflug eines amerikanischen oder britischen Bomberpulks ankündigte.

Wir gaben uns gelassen und zuversichtlich, und doch spürte jeder die Unsicherheit des anderen.

Wir sprachen weder über den Krieg, noch bauten wir Luftschlösser für die Zukunft. Mama und ich unterhielten uns über Vergangenes. Es klang unwirklich – wie eine Geschichte aus einer fremden Welt.

Daß es so etwas überhaupt geben konnte: Kleider, Schuhe und Nahrungsmittel nur für Geld! Ohne Bezugscheine, ohne Marken! Urlaubsfahrten in die Schweiz, nach Frankreich und Italien! Konzerte, Theater, Tanz!

Mama mußte eine glückliche Jugend verlebt haben!

Die Stunden verrannen wie im Flug.

Die Nacht blieb ruhig.

Kurz vor Mitternacht bereiteten wir das Silvestergetränk zu. Ich steuerte den Kognak bei, Mama den Zucker; Wasser gab es gottlob noch.

112

Fünf vor zwölf brach die Musik ab. Aus dem Rundfunkgerät dröhnte die Stimme des Reichspropagandaministers Dr. Joseph Goebbels: »Partei- und Volksgenossen! In dieser entscheidenden ...«

Mama stellte das Radio ab.

Jetzt hörten wir es deutlich: Von einem Turm der Stadt tönte eine Glocke!

Mama und ich hielten die Gläser in den Händen und lauschten. Wir stießen erst an, als die Glocke verstummte.

Auf Papa – auf die Zukunft – auf den Frieden ...

Wenig später erhielten wir Besuch. Die Hausleute kamen.

Voran der Luftschutzwart. Er war der Typ, den ›die oben‹ sich wünschten: Altparteigenosse, Blockleiter, Beinamputierter seit dem Polenkrieg, überzeugter Nationalsozialist. Was ihn in seinem Glauben an den Führer hätte erschüttern können, übersah und überhörte er.

Er hielt eine Rede, sprach von Heldenmut, Draufgängertum und Durchhalten. Für ihn waren es keine Phrasen. Er glaubte, was er sagte. Zum Schluß wünschte er uns ein frohes neues Jahr.

Ich stieß gern mit ihm an, obwohl ich jetzt anders dachte als früher. Unser Luftschutzwart war ein anständiger Kerl. Er hätte nie etwas Unrechtes tun und keiner Fliege ein Haar krümmen können. Ja, so etwas gab es auch ...

Die anderen redeten nicht so viel. Es waren Frauen mit harten Gesichtern. Sie drückten uns die Hände, wünschten ›alles Gute‹ und gingen.

Hinterher tranken Mama und ich den letzten Rest Grog, dann legten wir uns schlafen.

Ich verschlief den größten Teil des Neujahrstages ...

2. Januar 1945.

Kurz nach Mittag ging Mama in den Rüstungsbetrieb. Sie arbeitete in der zweiten Schicht. Das Köfferchen mit den Papieren nahm sie mit. Sie wollte sich nicht davon trennen, auch wenn ich zu Hause war.

Um mir die Zeit zu vertreiben, schmökerte ich in Papas Büchern, hörte Radiomusik und legte mich schließlich zum Schlafen aufs Sofa im Wohnzimmer. Ich wollte ›auf Vorrat pennen‹. Wer weiß, wie oft ich noch Gelegenheit haben würde, richtig auszuschlafen.

Gegen halb sieben Uhr abends weckte mich das Heulen der Sirenen. Voralarm!

Ich war eher ärgerlich als erschrocken. Widerwillig griff ich nach Stahlhelm und Koppel und verließ das Zimmer.

Im Gang begegnete ich einigen Hausbewohnern, die es gar nicht eilig hatten, in den Keller zu kommen. In letzter Zeit hatte es mehrere Voralarme gegeben, denen nichts weiter gefolgt war. Warum sollte es ausgerechnet heute – einen Tag nach Neujahr – anders sein?

Als ich das Erdgeschoß erreichte, verstummten die Sirenen.

Der Luftschutzwart trieb zur Eile. Hauptsächlich Frauen mit Kindern stolperten die Kellertreppe in den Luftschutzraum hinunter. Manche schleppten Bündel mit Wäsche.

Der Luftschutzwart trat unter die Haustür. Ich folgte ihm und blickte zum dunklen Himmel hinauf.

Da und dort tappten eilige Schritte durch die Finsternis, hin und wieder rief jemand einen Namen. Alles war gespenstisch, und ich fühlte mich unsicher.

Ich stand und starrte.

Alarm! – Alaaarm!!!

Die Sirenen heulten, daß mir die Ohren dröhnten.

Der Luftschutzwart packte mich am Arm. »Los, in den Keller! Es wird ernst!«

Ich drehte mich um, sah die offene Tür, die unter die Erde führte, sah den schwachen Lichtschein, der aus dem Keller drang, und hatte plötzlich das Gefühl, als lauerte dort unten der Tod.

Ich zögerte.

»Komm schon!« drängte der Luftschutzwart.

»Hilfe!!!« schrie eine gellende Frauenstimme in der Nähe. So laut, daß ich es durch das Heulen der Sirenen hörte.

Ich riß mich los und rannte in die Richtung, aus der der Schrei gekommen war. Hinter mir brüllte der Luftschutzwart. Ich drehte mich nicht um, sondern hetzte weiter.

Plötzlich wurde es hell.

Rund um die Stadt zuckten die Lichtkegel der Scheinwerfer in die Höhe, dann bellten die Salven der Flak.

Als ich um die nächste Ecke bog, sah ich die Frau, die geschrien hatte. Sie hinkte auf eine Haustür zu.

»Sind Sie verletzt?« fragte ich atemlos.

Sie schüttelte den Kopf. »Nein, nein, es geht schon wieder. Ich bin über einen Stein gestolpert, gefallen und habe mir den Fuß verknackst. – Vielen Dank, es geht wirklich! Sehen Sie zu, daß Sie in den Keller kommen!«

Sie verschwand in der Tür, und ich stand allein.

Die Flak schoß Sperrfeuer. Es schepperte, wenn Granatsplitter auf die Dächer der Häuser niederprasselten.

Dann hörte ich die Flugzeuge.

Das Ballern der Flak steigerte sich zum Trommeln.

Wohin sollte ich jetzt?

Schon jagte es mit hellem Pfeifen heran.

Feindliche Aufklärer!

Ich schüttelte die Starre ab und rannte zu der Tür, hinter der die Frau verschwunden war. Die Tür gab nach, aber dann stand ich im Dunkeln. Ich fand den Kellereingang nicht!

Zurück auf die Straße!

Weit und breit kein Mensch! Nur das Dröhnen der Motoren war über mir und das Krachen der Granaten.

Und plötzlich Helle! Beißende, schmerzhafte Helle.

Die Aufklärer warfen ›Christbäume‹ ab: grelle Magnesium-leuchten an Fallschirmen. Gelb, grün oder rot sank es auf die Dächer der Stadt nieder.

Ich rannte auf das Haus gegenüber zu, da hörte ich das tiefe Brummen, das den Bomberpulk ankündigte.

Mitten im Lauf hielt ich inne. Auf einmal empfand ich keine Angst mehr. Jetzt wußte ich, wohin ich gehörte: ans Geschütz! Blitzschnell orientierte ich mich im Licht der Leuchtschirme. Dann rannte ich los. Ich mußte eine Flakstellung erreichen. Ich wollte ›dabei sein‹!

Im Stadtzentrum fielen die ersten Bomben, dann heulte und krachte es überall.

Großangriff!

Wie ein Irrsinniger hetzte ich vorwärts – ziel- und planlos. Ich dachte an keine Flakstellung mehr, ich dachte auch nicht mehr daran, in eines der Häuser zu stürzen. Ich war ein Bün-del Elend und Angst und rannte, rannte, rannte . . .

Dicht hinter mir schlug eine Bombe ein. Der Luftdruck schleu-derte mich zu Boden. Ich rutschte ab und preßte mich gegen die Erde. Ich lag in einem Bombentrichter neben der Straße. Früher war hier eine Grünanlage gewesen.

Ich zitterte mit dem Boden, gegen den ich mich drückte.

Heulen, Krachen und Bersten steigerten sich zum Inferno.

Erst viel später wagte ich, den Kopf zu heben. Die Fläche, die ich vom Bombentrichter aus überblicken konnte, war nicht groß; doch auch dieser Ausschnitt der Hölle war die Hölle selbst.

Es regnete Spreng- und Brandbomben – und Luftminen!

Häuser flogen auseinander, Mauern neigten sich und stürzten ein. Steine, Erdschollen und Balkentrümmer wirbelten durch die Luft und krachten nieder.

Der Phosphor der Brandbomben verwandelte die Stadt in eine lodernde Fackel. Jetzt waren keine ›Christbäume‹ mehr nötig.

Dicht vor mir flammte ein Baumstumpf auf, brannte lichterloh und verlosch wie ein Streichholz.

Dann schrie ich vor Grauen.

Gleich tödlicher Lava kroch es feurig flüssig auf mich zu. Phosphor!

Ich duckte mich, spannte alle Muskeln, um aus dem Trichter zu springen – da krachte ein Stein auf meinen Stahlhelm nieder . . .

Als ich aus der Ohnmacht erwachte, starrte ich in Flammen und hörte Geschrei.

Über mir war kein dumpfes Dröhnen mehr, um mich kein tödliches Krachen. Nur das Feuer war geblieben und die mörderische Hitze, die die Winternacht zum Backofen machte.

Mein Stahlhelm hatte dem Hieb standgehalten.

Die Lava, die auf mich zugekrochen war, hatte einen anderen Abfluß gefunden. Knapp einen halben Meter vom Rand des Trichters entfernt, in dem ich lag, war sie in eine Bodensenke gesickert.

Mühsam richtete ich mich auf. Ich mußte die Beine aus dem Schutt ziehen, aber sie gehorchten mir. Der Wind trieb beißenden Qualm vor sich her. Wohin ich blickte, sah ich Feuer.

Dann erkannte ich Menschen.

Die Keller spien sie aus.

Männer, Frauen, Kinder.

Halbbekleidet die einen, blutend andere, mit geschwärzten Gesichtern; aufbrüllend, wenn der glühende Phosphor die Schuhsohlen durchbrannte.

Auch aus den stummen Gesichtern schrie das Entsetzen.

Ich schrie mit; ich mußte mir Luft machen.

Dann rannte ich los, stürzte über Trümmer, raffte mich auf,

schlug mir Knie und Hände blutig, hetzte weiter. Für die Hölle, die um mich tobte, hatte ich keinen Blick mehr.

Endlich war ich zu Hause.

Um Gottes willen!

Unser Haus war eingestürzt, und – der Keller hatte nicht standgehalten! Die Luftmine war stärker gewesen.

Unter diesen Trümmern lebte nichts mehr!

Beißender Rauch stieg aus dem Schutt; meine Augen begannen zu tränen.

Ich rührte mich nicht. Wie gelähmt stierte ich auf das Bild der Zerstörung.

Jemand stieß mich an und drückte mir eine Schaufel in die Hand. »Los, tu was!«

Da fiel die Starre. Ich hörte den Lärm um mich und sah Männer mit Spitzhacken und Spaten.

Wie ein Irrsinniger begann ich zu schaufeln. Ich wühlte mit den anderen in den Trümmern, bis mich die Kräfte verließen. Kurze Verschnaufpause, dann weiter!

Wir bargen einige mehr oder weniger beschädigte Habseligkeiten und . . .

Nein! Wo keine Hilfe möglich war, mußte man vorbeisehen können . . .

Ich fuhr herum, als ich Mamas Stimme hörte.

»Mein Junge!«

Mama war von der Arbeit zurückgekommen, keine Minute früher als sonst. Sie trug das Luftschutzköfferchen in der Hand.

»Du bist am Leben geblieben, Gustav«, sagte sie stockend. »Das allein zählt. – Unseren Betrieb haben sie verschont.«

Dann ließ sie sich einen Spaten geben und machte mit.

Noch Stunden nach dem Angriff stürzten Hauswände ein. Selbst am Morgen forderte der Tod noch Opfer.

Während der ganzen Nacht loderten Brände. Die Löschzüge waren machtlos.

Wir arbeiteten bis zum Umfallen, dann schickten uns die Männer eines neuen Rettungstrupps weg.

Mama und ich hatten Glück. Wir fanden ein Unterkommen bei einer befreundeten Familie, deren Haus nur leicht beschädigt worden war.

Ich schlief wie ein Toter.

Als Mama mich weckte, ging es auf den Mittag zu.

Die Bekannten, die uns aufgenommen hatten, teilten das Wenige, das sie besaßen, mit uns; wir hatten nichts weiter gerettet als das Köfferchen mit unseren Papieren und eine Kristallvase, die ich unversehrt aus den Trümmern gezogen hatte.

Draußen dröhnten und hämmerten die Spitzhacken, Schaufeln und Spaten; die Räummaschinen, die von den Bomben verschont worden waren; die Karren und Kraftwagen, die sich durch freigeräumte Schneisen quälten, beladen mit mißhandeltem Hausrat und ... Opfern ...

Dann und wann brüllte eine Explosion auf.

Zeitzünder!

Uniformen und Zivil quollen durcheinander.

Soldaten, Arbeitsdienst, Kriegsgefangene, Feuerwehr, Rotkreuzleute, Greise, Frauen und Kinder ...

Der Besitzer des Hauses, in dem wir untergekommen waren, berichtete, daß eine Luftmine auf das Gefangenenlager der Serben gefallen sei. Es habe mehr als dreißig Tote und die doppelte Anzahl von Verwundeten gegeben.

»Auf dem Höhepunkt des Angriffs mußte die Flak das Feuer einstellen«, fuhr er fort. »Es war keine Munition mehr da.«

Als ich wieder ans Fenster trat, sah ich einen Lautsprecherwagen und hörte den Befehl: »Alle Wehrmachtsangehörigen, die in der Stadt und deren Umgebung stationiert sind, haben sich sofort zu ihren Truppenteilen zu begeben!«

Wieder hieß es Abschied nehmen.

Ich stolperte durch die zerstörte Stadt. Überall wühlten Menschen in den Trümmern; Menschen in zerrissenen Kleidern, mit geschwärzten Gesichtern, notdürftig verbunden. Ihr Schmerz war zu Stein erstarrt, ich hörte kaum eine Klage.

In der Nähe eines Bergungstrupps saß ein etwa fünf Jahre altes Mädchen auf einem Stein und drückte einen angesengten Hampelmann an sich. Die Kleine lächelte.

Von einer Kirche stand nur mehr das Portal. Das Schiff und der Turm waren ein Trümmerhaufen. Landesschützen bemühten sich, die Steine wegzuräumen. Im Vorbeigehen hörte ich, daß sich Leute in die Kirche geflüchtet hatten, als die Hölle losbrach. Sie waren in den Tod gelaufen.

Vor dem Portal kniete ein Unteroffizier in der Uniform der Panzerjäger. Er hielt die Hände vors Gesicht und rührte sich nicht.

Es roch nach Rauch. Noch immer schwelten an vielen Stellen Brände.

Kradmelder spritzten über die freigeräumten Fahrrinnen. Sie übermittelten Befehle, die telefonisch nicht mehr durchgegeben werden konnten. Das Netz war zerrissen.

Ich hastete an einem freien Platz vorüber und sah Männer, Frauen und Kinder, die sich um eine Feldküche drängten. Irgendeine Einheit gab für die am schwersten Getroffenen eine warme Mahlzeit aus.

Ein Mann mit schneeweißen Haaren, barhäuptig, mit verbundenem Kopf, schien den Verstand verloren zu haben. »Überall Tote!« schrie er gellend. »Die halbe Stadt ist tot, und auch wir werden nicht mehr lange leben!«

Kaum jemand beachtete ihn. Die Leute drängten zur Gulaschkanone.

Ein Krad knatterte heran, hielt neben mir.

»Soll ich dich 'n Stück mitnehmen?« fragte der Fahrer. Als er mich näher ansah, erkannte er mich. »Mensch, du bist doch von unserer Zwoten!«

Einer der Unseren! Ich kletterte in den Beiwagen.

»Bist du in der Stadt gewesen, als es passierte?« fragte er weiter.

Ich nickte.

»Dann hast du Schwein gehabt«, meinte er und gab Gas.

»Was ist in der Stellung passiert?« rief ich in das Dröhnen des Motors.

»Auf unsere Flakstellung sind nur einige Bomben gefallen«, schrie der Fahrer zurück. »Kleinere Schäden an Material, aber zwei Tote. Beide von der zwoten Batterie: Leutnant Vogt und Flakhelfer Korner!«

Wir verschwanden im Wald.

Wie oft war ich früher mit Papa durch das verschneite Föhrengehölz gewandert! – Auch jetzt waren die Kiefern bereit. Das Weiß auf ihren Nadeln glitzerte wie Silber.

Ich schloß die Augen, um es nicht länger sehen zu müssen ... Leutnant Vogt – und Karl Korner.

Wir hatten ihn den ›Bullen‹ genannt ...

Nullkommafünf und der kleine Gerngroß trafen eine halbe Stunde später in der Stellung ein als ich. Sie hatten den Neujahrsurlaub gleichfalls überlebt; doch sie brachten schlimme Nachrichten.

Gerngroß wischte sich über die Augen, als er sagte: »Der lange Bayer ist tot. Drei Stunden vor dem Angriff war er im Lazarett, um sich einsatzfähig schreiben zu lassen. Nach dem Angriff zogen sie ihn aus dem Keller. Die Decke war eingestürzt. Ich hörte es von einem Bekannten.«

Nullkommafünf brachte die zweite Hiobsbotschaft.

Auf das Lazarett, in dem der schwerverwundete Josef Schneider lag, waren Bomben gefallen. Das Pflegepersonal hatte getan, was es tun konnte, aber die Zeitspanne zwischen Voralarm und Angriff war zu kurz gewesen. Nicht alle Verwundeten hatten in die Schutzräume gebracht werden können.

Josef Schneider war mit einigen anderen im ersten Stock liegengeblieben.

»Es ging schnell«, schloß Nullkommafünf. »Sie mußten nicht leiden . . .«

Unteroffizier Haberzettel rief uns in den Unterrichtsraum. Unheimlich groß kam mir die Stube vor. Ich fühlte mich unter wenigen verloren.

Wir waren noch zu viert!

Alfred Schmidt, Manfred Huber, der kleine Gerngroß und ich. Willi Braun und Walter Müller hatten sich vom Neujahrsurlaub nicht zurückgemeldet.

»Ein trauriger Rest von unserem Haufen«, versuchte Huber zu scherzen.

Niemand antwortete.

Haberzettel und Nullkommafünf traten ein.

Wir nahmen Haltung an. Schmidt, unser Primus, meldete. Er war noch immer kein Soldat geworden. Wie er vor Haberzettel stand und sein Sprüchlein aufsagte, stellte er den hundertprozentigen Zivilisten dar.

Haberzettel beanstandete ihn nicht. Er sah müde aus.

»Herr Leutnant Vogt und der Flakhelfer Korner sind gefallen«, sagte er heiser. »Der Chef hat die Führung der zwoten Batterie mir übertragen. — Was euch betrifft, so seid ihr jetzt reguläre Geschützbedienungen. Im Westen des Reichs, im Raum von Aachen, steht der Feind auf deutschem Boden. Um die Einbruchstellen abzuriegeln beziehungsweise den Gegner zurückzudrängen, werden alle verfügbaren Reserven dorthin geworfen. Das gilt auch für die meisten Soldaten unseres Stammpersonals. Sie werden in den nächsten Tagen in Marsch gesetzt. Als Ersatz erhalten wir weitere RAD-Mädchen, Ar-

beiter, deren Uk.-Stellung aufgehoben wird, und Kriegsgefangene. – Zum letzten Angriff auf unsere Stadt ist zu sagen,
daß die Briten mit über tausend Maschinen konzentrisch ange-
flogen sind. Erste Schätzungen sprechen von zweitausend Toten und mehreren tausend Verletzten. – In zehn Minuten
Exerzieren am Geschütz! – Wegtreten!«
Unteroffizier Haberzettel ging mit hängenden Schultern.
Nullkommafünf nickte uns zu, murmelte »Kopf hoch!« und
folgte dem Unteroffizier ins Freie.
Ich sah ihn beim Geschützexerzieren wieder. Er machte mit.
Als Richtschütze.

13.

Einige Tage nach dem Großangriff wurden wir zu Aufräumungsarbeiten in die Stadt befohlen. Die Batterien blieben
nur mit den nötigsten Kräften besetzt. Wir erwarteten keinen
Tagesangriff. In der Stadt war das Schlimmste beseitigt.
Wir lösten die völlig erschöpften Männer und Frauen ab, die
pausenlos in den Trümmern gewühlt hatten. Auch von anderen Flakeinheiten aus der Umgebung waren Helfer gekommen.
Jetzt sah ich viel mehr Männer in braunen Uniformen, als ich
kurz nach dem Angriff gesehen hatte. Sie ermunterten die
Leute, erteilten Befehle und verwünschten die ›Luftgang-
ster‹.
In der Mittagspause durfte ich Mama besuchen. Sie wohnte
weiterhin bei unseren Bekannten und klagte nicht. Der Rüstungsbetrieb, in dem sie arbeitete, lief auf vollen Touren.
Die Zeitung meldete die Bilanz des 2. Januar: 1829 Tote,
6000 Verletzte, nahezu 100 000 Obdachlose.
Die Obdachlosen waren ›provisorisch‹ untergebracht worden.
Viele wohnten in oder unter den Ruinen ihrer Häuser.
Von Papa hatte Mama keine Nachricht mehr erhalten. Sie
sorgte sich um ihn, denn Libau war im Wehrmachtbericht
nicht mehr erwähnt worden. Ich machte ihr Hoffnung, obwohl
mir selbst schwer ums Herz war ...

An einem Sonntag Mitte Januar besuchte ein Filmkommando
unsere Flakstellung. Im Unterrichtsraum sahen wir den

Tonfilm ›Hitlerjunge Quex‹, der vom ›tapferen Sterben eines deutschen Jungen für Führer und Partei‹ berichtete.

Zum Abschluß stimmte der Politische Leiter, der das Kommando begleitete, das Deutschland- und Horst-Wessel-Lied an.

Quex zog nicht mehr bei mir, und das Horst-Wessel-Lied hatte seine Kraft verloren. Statt mitzusingen, bewegte ich nur die Lippen, um nicht aufzufallen.

Am lautesten sang der Politische Leiter ...

Während der nächsten vierzehn Tage ereignete sich nichts Wesentliches. In der Stellung herrschte Kasernenhofbetrieb, allerdings ohne Schikane. Unteroffizier Haberzettel war in Ordnung. Hin und wieder gab es kleinere Schießereien auf vereinzelt anfliegende Störflugzeuge, doch wir erlitten keine Verluste. Wir Flakhelfer standen am Geschütz und ließen uns nichts mehr vormachen. Die 8,8 war uns vertraut geworden.

Unsere Großbatterie stellte einen bunt zusammengewürfelten Haufen dar. Abends kamen Männer aus der Stadt und kehrten am Morgen dorthin zurück. Haberzettel nannte sie ›Vaterlandsverteidiger im Nebenberuf‹. Sie hatten es nicht leicht. Nachts Wacheschieben, dann ein paar Stunden Schlaf, darauf zurück in die kriegswichtigen Betriebe!

Dann kam der 3. Februar 1945.

Mein siebzehnter Geburtstag!

Ich verbrachte ihn als Wochenendurlauber bei Mama.

Sie hatte am Samstagmorgen einen Brief bekommen.

Von Papas Regimentskommandeur.

Der Brief war fast vier Wochen unterwegs gewesen.

Der Oberleutnant Briel sei von einem Stoßtruppunternehmen nicht zurückgekehrt, schrieb der Kommandeur, aber man habe ihn nicht unter den Gefallenen gefunden. Es sei anzunehmen, daß er in Gefangenschaft geraten sei.

»Vermißt!« stöhnte Mama.

Wie oft hatte ich dieses Wort schon gehört! Doch erst jetzt erfaßte ich den Sinn der Ungeheuerlichkeit, den es ausdrückte; jetzt, da mein eigener Vater zu den Vermißten zählte.

Vermißt!

Das war Ungewißheit in satanischer Vollendung!

Erst das Ende des Krieges würde die Klarheit bringen. Vielleicht!

Eine Nachricht aus einem Gefangenenlager im Osten.

Aus Leningrad, Moskau, Sewastopol, Ufa, Murmansk, Wladiwostok . . .

Rußland war groß.

Es bedeutete mir keinen Trost, daß Papa einer von vielen war; verschollen wie der Flakhelfer Walter Müller, den sie bis heute nicht gefunden hatten; verschwunden wie Thumsers Mutter, die an einen ›unbekannten Ort‹ gebracht worden war und kein ›Lebenszeichen‹ gab . . .

Als ich in die Stellung zurückgekehrt war, sprach ich mit Nullkommafünf.

»Wenn der Krieg zu Ende ist, wird Ihr Vater bestimmt nach Hause kommen«, sagte er. Für dieses ›bestimmt‹ war ich ihm dankbar.

Gerngroß drückte mir die Hand und meinte: »Andere haben es noch schwerer, Gabriel.«

Unteroffizier Haberzettel half mir auf seine Art. »Eigentlich wärst du zum Wacheschieben dran, Junge, aber dort draußen kämst du doch nur auf dumme Gedanken. Ich teile einen anderen ein, und wir beide heben einen!«

Er tat meinen Widerspruch mit einer Handbewegung ab und zerrte mich in den Unterrichtsraum. Hier waren wir allein.

Haberzettel opferte eine Pulle Schnaps, die er weiß Gott wie ›organisiert‹ hatte.

Ich war scharfe Sachen – vor allem in solchen Mengen – nicht gewohnt, aber ich trank mit.

Der Fusel wirkte. Ich hörte mich reden und reden, und Haberzettel nickte mir zu. Dann verschwamm sein Gesicht – sein Kopf – seine Gestalt . . .

Die Tage und Nächte gingen dahin.

Amerikaner und Briten beschränkten sich weiterhin auf vereinzelte Störflüge, und wir hofften schon, der Angriff vom zweiten Januar sei der ›Schlußpunkt‹ für unsere Stadt gewesen.

Der Schlag, der uns unverhofft traf, kam von deutscher Seite.

Am 17. Februar 1945.

An Papas 44. Geburtstag.

Oberleutnant Vollmer ließ den zusammengewürfelten Haufen, der Großbatterie hieß, antreten und verlaß einen Sonderbefehl.

»Berlin, 16. Februar. Der Reichsminister der Justiz hat am 15. Februar 1945 folgende Verordnung über die Errichtung von Standgerichten erlassen:

Die Härte des Ringens um den Bestand des Reiches erfordert von jedem Deutschen Kampfentschlossenheit und Hingabe bis zum Äußersten. Wer versucht, sich seinen Pflichten gegenüber der Allgemeinheit zu entziehen, insbesondere wer dies aus Feigheit oder Eigennutz tut, muß sofort mit der notwendigen Härte zur Rechenschaft gezogen werden, damit nicht aus dem Versagen eines einzelnen dem Reich Schaden erwächst. Es wird deshalb auf Befehl des Führers im Einvernehmen mit dem Reichsminister und Chef der Reichskanzlei, dem Reichsminister des Innern und dem Leiter der Parteikanzlei angeordnet:

I. In feindbedrohten Reichsverteidigungsbezirken werden Standgerichte gebildet.

II. 1. Das Standgericht besteht aus einem Strafrichter als Vorsitzer, sowie einem Politischen Leiter oder Gliederungsführer der NSDAP und einem Offizier der Wehrmacht, der Waffen-SS oder Polizei als Beisitzern.

2. Der Reichsverteidigungskommissar ernennt die Mitglieder des Gerichts und bestimmt einen Staatsanwalt als Anklagevertreter.

III. 1. Die Standgerichte sind für alle Straftaten zuständig, durch die die deutsche Kampfkraft oder Kampfentschlossenheit gefährdet sind.

2. Auf das Verfahren finden die Vorschriften der Reichsstrafprozeßordnung sinngemäß Anwendung.

IV. 1. Das Urteil des Standgerichts lautet auf Todesstrafe, Freisprechung oder Überweisung an die ordentliche Gerichtsbarkeit.

2. Es bedarf der Bestätigung durch den Reichsverteidigungskommissar, der Ort, Zeit und Art der Vollstreckung bestimmt.«

Der Chef gab keinen Kommentar. Die Kriegsgefangenen, die in unserer Stellung eingesetzt waren, hatten nur den deutschen Text gehört. Niemand übersetzte ihnen den Wortlaut. Der Sonderbefehl galt nur für Deutsche. Die Gefangenen standen schon längst unter Standrecht.

Ich sah die Kastanie hinter dem Stacheldraht vor mir . . .

Der Chef genehmigte eine Stunde Freizeit.

Warum und wieso, sagte er nicht.

Gerngroß und ich schlenderten mit Nullkommafünf durchs Gehölz. Nullkommafünf erläuterte die Lage.

Im Westen und im Osten war der Feind auf Reichsgebiet vorgedrungen. Frontuntaugliche Männer und Rüstungsarbeiter, an Waffen notdürftig ausgebildet, wurden dem Gegner entgegengeworfen. ›Volkssturm‹ hießen diese ›Truppen‹, die oft nur eine Armbinde an ihren Zivilsachen trugen. Ihre Hauptwaffe war die Panzerfaust.

»So sieht die Wunderwaffe aus«, meinte Nullkommafünf bitter. »Arme Teufel! Sie sind nichts weiter als Kanonenfutter. Vor sich haben sie den Feind, im Rücken drohen die Standgerichte. Ihr dürft mir glauben, daß sie in der Regel Todesurteile fällen werden! Es wird viele Gehängte geben in den letzten Zuckungen des Tausendjährigen Reiches!«

»Wer die deutsche Kampfkraft oder Kampfentschlossenheit gefährdet, kommt vors Standgericht«, sagte Gerngroß. »Das können sie auslegen, wie es ihnen in den Kram paßt. Da könnte einen schon ein schiefes Wort, das einem in der Verzweiflung oder auch nur im Ärger entschlüpft, an den Galgen bringen, wie?«

»Nicht nur könnte, Gerngroß«, erwiderte Nullkommafünf. »Es wird!«

»Ich habe einmal gesagt, daß ich die Mörder am Steuerknüppel hasse und die, die uns die Suppe eingebrockt haben«, fuhr der Kleine fort.

»Der Zusatz würde reichen«, versicherte Nullkommafünf.

»Wenn ich daran denke, daß ich noch vor wenigen Monaten felsenfest an das geglaubt habe, was ich in den Schulungsabenden der HJ und im Radio hörte und in der Zeitung las, könnte ich mich ohrfeigen!« stieß ich hervor. »Aber sie haben selbst dafür gesorgt, daß ich die Scheuklappen verlor: durch Nero, durch den Mann an der Kastanie, durch Thumsers Mutter, den Obergefreiten Maier zwo und durch vieles, was ich in der Stadt gesehen und gehört habe.«

»Und durch mich, Briel«, sagte Nullkommafünf, »Sie dürfen es ruhig aussprechen. Die Flakhelfer Briel und Gerngroß und der Studienrat Winkler stellen drei Fälle fürs Standgericht dar.«

»Dann müßten sie Tausende hinrichten und Zehntausende einsperren!« begehrte ich auf.

»Unsere Gefängnisse, Zuchthäuser und Konzentrationslager sind längst überfüllt«, antwortete Nullkommafünf, »und wenn Sie an die Todesurteile denken, die nach dem 20. Juli vollstreckt wurden, dürften Sie eigentlich nicht länger daran zweifeln, daß unsere Staatsführung vor Massenexekutionen keineswegs zurückschreckt.«

»Der Führer hat immer recht«, murmelte Gerngroß. »Mensch, Gabriel, was waren wir für Idioten!«

Ich nickte, denn ich dachte wie er.

»Wenn Nero nicht an der Front stünde, würde ihn der Gauleiter zum Beisitzer eines Standgerichts ernennen!« Das war meine feste Überzeugung.

»Herr Oberstudienrat Ammon steht nicht an der Front«, verbesserte Nullkommafünf.

»Nicht?« riefen Gerngroß und ich gleichzeitig.

Nullkommafünf schüttelte den Kopf. »Oberleutnant Vollmer deutete heute beim Frühstück an, daß er einen Brief von einem befreundeten Hauptmann erhalten habe. Dieser Hauptmann gehört irgendeiner geheimen Dienststelle an, die in den bayerischen Alpen liegt. In absehbarer Zeit dürfte sich dorthin kaum ein feindliches Flugzeug, noch viel weniger eine feindliche Kampftruppe verirren. In dem Brief hieß es, daß vor kurzem ein gewisser Oberstudienrat Ammon dieser Dienststelle als Berater zugeteilt worden sei. Oberleutnant Vollmer sagte nichts Näheres und enthielt sich jedes Kommentars.«

»Das sieht Nero ähnlich«, sagte Gerngroß, »und eigentlich hätten wir uns so etwas denken müssen.«

Nullkommafünf winkte ab. »Dies nur zur Klarstellung, es rundet das Bild ab, sonst nichts. Kommen wir zur Sache: Ihr wißt, daß ich versuchen möchte, euch in Sicherheit zu bringen, wenn der Gegner mit Erdkampftruppen in unseren Raum vorstößt. Die Errichtung von Standgerichten kompliziert natürlich alles, und es werden genug Spürtrupps der Partei, SS und Feldgendarmerie unterwegs sein, um Deserteure aufzugreifen. Nehmt euch zusammen, damit ihr Fremden nicht auffallt! Alles andere überlaßt mir! Im entscheidenden Moment will ich das Mögliche versuchen. Nächste Woche fühle ich bei Schmidt und Huber vor.«

»Und Unteroffizier Haberzettel?« fragte ich.

Nullkommafünf lächelte. »Er ist ein einfacher Mann, aber ein großartiger Kamerad. Er weiß Bescheid und wird uns nichts in den Weg legen, wenn es ernst wird.«

Wir trennten uns und gingen einzeln ins Lager zurück.

Schmidt, Huber und Haberzettel waren im Aufenthaltsraum. Als Gerngroß und ich eintraten, fragte Huber: »Kennt ihr den neuesten Witz? Habe ihn vorhin vom Kammerbullen gehört.«

Haberzettel sah auf. »Was Politisches, Huber?«

»'n bißchen, Herr Unteroffizier.«

»Dann halt die Klappe!« knurrte Haberzettel.

An diesem Tag, am folgenden und am übernächsten schien die Stellung leiser geworden zu sein. Da und dort steckten die wenigen ›Alten‹, die noch zurückgeblieben waren, die Köpfe zusammen und tuschelten, aber sie schwiegen sofort, wenn einer von uns ›Jungen‹ vorüberging. Anscheinend sahen sie in uns noch immer die ›Hundertprozentigen‹ und wollten nicht, daß wir etwas von dem aufschnappten, was sie miteinander redeten. Das Standgericht warf seine Schatten voraus, noch bevor es ›die Arbeit‹ aufgenommen hatte.

Dann kam der 20. Februar.

Es war kalt, obwohl die Sonne schien und kein Wölkchen am Himmel stand.

Ein klarer Wintertag.

Wir aßen bereits um halb zwölf zu Mittag, denn um eins sollte der Großteil unserer Mannschaft in die Stadt gefahren werden. Zur Vorstellung einer Soldatenbühne.

Der Theaterzettel hing außen an unserer Baracke. Er kündigte den Schwank »Himmel, Arm und Wolkenbruch« an.

Mal was anderes. Wir freuten uns.

Nach dem Essen machten wir uns ›fein‹. Schließlich kamen auch ›unsere‹ RAD-Mädchen mit. Wir bürsteten die Klamotten aus, polierten die Stiefel auf Hochglanz und verbrauchten eine Menge Schuhkreme und Spucke. Huber fand nicht vom Spiegel weg. Er arbeitete an seinem Scheitel.

Und dann kam alles anders.

Kurz vor dem Antreten Alarm!

»Schwere feindliche Kampfverbände im Anflug auf das Stadtgebiet!«

Am hellen Tag!

»Mist!« knurrte Huber.

»An die Geschütze!« schrie Haberzettel.

Da hörten wir auch schon das tiefe Brummen. Wir hatten Übung im Horchen. Diesmal waren es Amerikaner. Wir erkannten sie am Dröhnen der Motoren, noch bevor wir die weißen fünfzackigen Sterne an den Bombern sahen.

Sperrfeuer!

Die Granaten flogen von Hand zu Hand, ich schob sie ins Rohr. Nullkommafünf saß mit verbissenem Gesicht an der Richtmaschine unserer 8,8.

In der Stadt krachten Explosionen, dann ging's bei uns los.

Fünf – sieben – zehn – vierzehn Viermotbomber öffneten über unserer Stellung die Schächte.

Wir feuerten wie die Besessenen, doch die Bomber flogen in zu großer Höhe, und die Begleitjäger störten, indem sie uns aus der Flanke mit ihren Bordwaffen beharkten.

Unter den Einschlägen der Bomben bäumte sich die Erde. Ich hörte gellende Schreie im höchsten Diskant. Die Flakhelferinnen konnten es nicht sein, die befanden sich im Bunker. Die Schreie mußten von den Kriegsgefangenen kommen, die in den Splittergräben lagen. Sie durften nicht an die Geschütze. Ich fühlte weder Angst, Wut noch Verzweiflung; ich fühlte gar nichts. Mechanisch tat ich meine Pflicht. Ich war Ladeschütze – ein Roboter.

Wir alle waren Roboter, auch der kleine Gerngroß. Er lief nicht mehr davon, er schuftete verbissen.

Eine Geschoßgarbe prasselte gegen das Rohr unserer 8,8. Querschläger jaulten, dann schrie jemand neben mir. Ich registrierte es, aber ich wandte mich nicht um.

Ich fühlte nur die Granaten in meinen Händen.

Doch plötzlich griff ich ins Leere.

»Keine Munition mehr!« brüllte Manfred Huber.

Mit einem Schlag war alles anders. Jetzt sahen wir hilflos dem Verderben entgegen, das von oben niederheulte.

Der Bomberpulk drehte ab, zog eine Schleife, kehrte zurück!

»Volle Deckung!« schrie Nullkommafünf.

Wir erreichten die Splittergräben nicht mehr und warfen uns da hin, wo wir gerade standen.

Ein Einschlag in der Nähe unserer 8,8 hob das Geschütz aus der Verankerung; dann riß mich der Luftdruck in die Höhe und schleuderte mich zwei oder drei Meter rückwärts zu Boden. Alles um mich brannte, krachte, zitterte, barst!

Ich griff um mich, um die Hände in die Erde zu krallen, und

bekam einen Arm zu fassen. Neben mir lag Nullkommafünf. Er blutete aus einer Stirnwunde.

»Ruhe, Briel!« schrie er mir zu. »Nicht bewegen!«

Ein Heulen über uns ließ ihn verstummen. Wir hoben die Köpfe und starrten nach oben.

Mir stockte das Herz.

Ein amerikanischer Jagdbomber stieß auf uns nieder. Seine Bordwaffen spuckten glühende Streifen aus. Wenige Schritte vor mir spritzte die Erde auf.

Aber das war es nicht, was mir Schauer des Entsetzens über den Rücken jagte. Von der linken Seite der Maschine, die mir im Halbprofil zugekehrt war, grinste ein Bild: die Karikatur eines Tigerkopfes, die einem Witzblatt entnommen sein mochte. Sie wuchs und wuchs.

Ich drückte das Gesicht gegen den Boden, spürte Erde zwischen den Zähnen, hörte den Donner ganz nahe. Dann bekam ich einen Hieb und empfand nichts mehr . . .

Als ich die Besinnung wiederfand, war alles vorbei. Das Dröhnen der Bomber verklang in der Ferne.

Nullkommafünf bemühte sich um mich. Er trug einen Stirnverband, verlor jedoch kein Wort über seine Verletzung.

»Endlich!« murmelte er, als ich die Augen aufschlug.

Ich lag im Freien, aber ich fror nicht. Die Amerikaner hatten für Wärme gesorgt. Es brannte – vor mir, hinter mir, links, rechts – überall!

»Gerngroß?« fragte ich mühsam.

»Hier«, antwortete der Kleine neben mir, und da sah ich ihn. Es war ihm nichts geschehen.

»Haberzettel?«

»Davongekommen«, sagte Gerngroß. »Er hilft mit, das Geschütz aufzurichten und neu in Stellung zu bringen.«

»Wozu, wenn wir keine Munition haben?«

»Der Chef hat den letzten noch einsatzfähigen Lkw weggeschickt«, murmelte Gerngroß. »Er hofft, etwas zu kriegen.«

Bevor ich weiterfragen konnte, sprach Nullkommafünf.

»Schmidt ist gefallen, Huber schwer verletzt. Er wird den Abend nicht erleben.«

Ich wollte auffahren, spürte einen stechenden Schmerz im Kopf und stöhnte.

»Das vergeht«, sagte Gerngroß gewollt schroff. »Hast 'n Bombensplitter gegen den Helm gekriegt.« Er bückte sich und

hob ein Stahlstück von der Größe eines Hammerstiels auf.
»Der war's, Gabriel – Glück gehabt!«
»Kommt!« befahl Nullkommafünf. »Sie brauchen uns!«
Ich rappelte mich auf und stolperte hinter ihm und Gerngroß
drein.
Erst nach und nach ermaß ich den Umfang der Verwüstung.
Von den Geschützen unserer Großbatterie waren nur drei ein-
satzfähig geblieben, sofern neue Munition beschafft werden
konnte. Sämtliche Baracken waren niedergebrannt, und die
Waldlichtung hatte sich geweitet. Die Föhren flammten wie
Zunder.
Das sogenannte Schicksal zeigte Sinn für grausige Ironie. An
einem verkohlten Aststrunk hatte sich der Rest eines Zettels
festgespießt. Die Buchstaben darauf waren deutlich zu le-
sen: Soldatenbühne ›Die Unentwegten‹
    HIMMEL, A
    ein Schwank
Unser Wagenpark war kaputtgeworfen bis auf ein Kübel-
fahrzeug und einen Lkw.
Und die Menschen . . .
Die einzigen, die keine Verluste zu beklagen hatten, waren
die Mädchen. Der Bunker hatte sie geschützt.
Am schlimmsten war es den Kriegsgefangenen in den
Splittergräben ergangen. »Fünfunddreißig Prozent Ausfälle«
würde es in der nüchternen Meldung des Batteriechefs hei-
ßen . . .
Nullkommafünf, Gerngroß und ich halfen die Toten bergen.
Ich sah – und sah vorbei, nachdem ich die ersten bekannten
Gesichter entdeckt hatte . . .
Unteroffizier Haberzettel war leicht verwundet. Er hatte sich
verbinden lassen und es abgelehnt, ins Lazarett gebracht zu
werden. So hielten es die meisten mit geringfügigen Verletzungen. Sie blieben. Doch nicht die Drohung des Standgerichts
hielt sie, sondern die Kameradschaft, die stärker war als jeder
Befehl . . .
Gegen Abend kehrte der Lkw aus der Stadt zurück. Er
brachte Munition. Oberleutnant Vollmer lachte grimmig, als
er die Meldung erhielt. ›Zehn Granaten für jedes Geschütz!‹
»Sie werden uns einige Zeit in Ruhe lassen«, meinte Haberzettel, »und wenn wir jeden Tag Munition anfordern, ham-
stern wir mit etwas Glück einiges zusammen.«

Die Nachrichten, die die Lkw-Fahrer aus der Stadt mitbrachten, waren niederschmetternd.

Eineinhalb Stunden hatte der Angriff gedauert, den schätzungsweise achthundert Feindmaschinen geflogen hatten. Die Elektrizitäts- und Wasserversorgung im Süden und Westen der Stadt waren zusammengebrochen, die Bahnanlagen völlig zerstört. Alle verfügbaren Hilfstrupps waren eingesetzt, ohne der Brände Herr werden zu können. Die Zahl der Opfer konnte man nicht annähernd abschätzen.

Ich zitterte um Mama . . .

Wir schufteten bis tief in die Nacht; selbst die Mädchen griffen mit zu.

Zum Schlafen brauchten wir die Zelte nicht.

Während die eine Hälfte von uns Wache schob und Trümmer beseitigte, fand die andere zu kurzer Ruhe im Befehlsbunker Platz und in dem bombensicheren Unterstand, den die Kriegsgefangenen vor wenigen Tagen fertiggestellt hatten. So weit waren wir zusammengeschmolzen.

Unser Lkw und der Kübelwagen kamen nicht zur Ruhe. Sie schafften die Schwerverletzten in eines der Ausweichlazarette am Stadtrand.

Unteroffizier Haberzettel hatte sich getäuscht, wenn er meinte, daß ein paar ruhige Tage anbrechen würden.

Sie ließen uns keine Ruhe! Sie kamen wieder.

Am 21. Februar, kurz nach elf! Als über der Stadt noch der Brandgeruch vom Vortag schwelte.

Der Batteriechef mußte einen Kriegsgefangenen niederschlagen, um eine Panik zu verhindern. Die armen Teufel gebärdeten sich wie die Rasenden.

Wir warteten an den Geschützen.

Eine dezimierte Batterie mit drei Kanonen und dreißig Schuß Munition.

Über tausend Bomber verwandelten die Stadt in einen Hexenkessel. Wir hörten das Dröhnen, Heulen, Bersten und Krachen und warteten.

Dann flogen die Maschinen ab, und ein Pulk näherte sich unserer Stellung.

Oberleutnant Vollmer gab ›Feuer frei‹.

Ich sah von der rechten Tragfläche eines Viermotorigen Fetzen fliegen und die Maschine ins Trudeln geraten – dann fing sie sich wieder.

131

Und dann – dann schoß ein Blitz vor mir auf, dem ein ohrenzerreißendes Krachen folgte. Schon halb im Unterbewußtsein sah ich, wie unsere 8,8 sich aufbäumte.
Aus!

Ich erwachte auf einem Strohsack im Bunker.
Neben mir stöhnten andere. Leichtverletzte wie ich.
Verwundete, die im Lazarett keine Aufnahme fanden, weil die Plätze nicht einmal für die schweren Fälle reichten.
Ich hatte eine Gehirnerschütterung abbekommen und eine Rißwunde am Oberarm. Diesmal durch Splitter, die von unserer 8,8 geflogen waren. Der Schmerz ließ sich ertragen.
Ich wollte ebensowenig kneifen wie Unteroffizier Haberzettel.
Ich würde bleiben.
Denn noch war es nicht soweit!
Unsere Batterie bestand nur mehr aus einem einzigen Geschütz, und es hatte auch am 21. Februar wieder Tote gegeben.
Der Chef, Unteroffizier Haberzettel, Nullkommafünf und Gerngroß lebten. Gerngroß besuchte mich. Er hatte eine Beule an der Stirn. Von ihm erfuhr ich, was draußen los war.
Zum erstenmal befanden sich zwei Flakhelferinnen unter den Gefallenen. Sie waren unterwegs gewesen, als der Alarm kam, und hatten den Bunker nicht mehr erreicht.
Nach Gerngroß kam Haberzettel.
»Alles Sch . . .!« knurrte er wütend. »Unsere Batterie ist offiziell aufgelöst, obwohl sie sowieso nicht mehr besteht. Wir kommen in die Stadt, Briel, um Flakeinheiten im Zentrum zu verstärken. Die hat's noch schwerer erwischt als uns.«
»Werden wir zusammenbleiben?« fragte ich schwach.
Haberzettel zuckte die Schultern. »Das wissen die Götter, Kleincr! Sei froh, daß du davongekommen bist!«
Natürlich! Ich mußte dankbar sein.

*

Ich muß tatsächlich geschlafen haben!
Marianne weckt mich. »Sieben Uhr, Gustav«, flüstert sie. »Willst du nicht aufstehen?«
Ich brauche eine Weile, um mich zurechtzufinden.
Ich liege angekleidet auf dem Bett meines Jungen. Klaus schläft. Er atmet ruhig.

Marianne hat die Vorhänge aufgezogen. Draußen dämmert der Morgen.

»Sieben Uhr, Gustav«, wiederholt Marianne.

Um diese Zeit bin ich aus dem Haus, wenn ich zur Arbeit muß. Doch heute ist Samstag.

Samstag, der 7. Oktober 1972.

Da wird in unserem Betrieb nicht gearbeitet.

Mit einem Ruck fahre ich in die Höhe. Die Erinnerung an gestern ist da.

»Ist – etwas mit Engelbert?«

Marianne legt mir den Finger auf den Mund. »Nicht so laut, Klaus soll weiterschlafen!«

»Hat Thumser angerufen?«

»Nein, Gustav, aber das ist wohl ein gutes Zeichen. Ich mache jetzt das Frühstück, du rasierst dich, und nachher fahren wir ins Krankenhaus, ja?«

Obwohl sich Marianne sehr zuversichtlich gibt, weiß ich, daß sie sich um Walter Müllers Jungen genauso sorgt wie ich.

Auf den Fußspitzen verlassen wir das Schlafzimmer.

Ich mache mich hastig frisch, aber Marianne ist dann mit dem Frühstück doch nicht so rasch fertig, wie ich gehofft habe.

Ich hole die Zeitung aus dem Postkasten und setze mich ins Wohnzimmer; doch meine Gedanken irren von neuem ab.

Sie kreisen um den Jungen im Krankenhaus und lassen die Buchstaben vor meinen Augen verschwimmen. Mein Kopf schmerzt. Ich versuche, die Angst um Engelbert, die von neuem auf mich zukriecht, zu unterdrücken, indem ich mich zwinge, meine Erinnerung an die letzten Kriegswochen da fortzusetzen, wo sie abgerissen ist . . .

14.

Ende Februar 1945.

Wir waren in die Stadt verlegt worden, in die Nähe der alten Kaiserburg, deren dicke Mauern zwar angeschlagen waren, aber dem Bombenhagel stärker getrotzt hatten als die Wände der Wohnhäuser.

Wir hatten Glück. Nullkommafünf, Unteroffizier Haberzettel, Gerngroß und ich blieben zusammen. Wir ›füllten‹ eine Flakbatterie auf, die die Aufgabe hatte, den Gefechtsstand des

Gauleiters zu sichern. Dieser Gefechtsstand war ein bombensicherer Bunker aus dickem Beton und auf die Luftabwehr nicht angewiesen.

Nullkommafünf fand die Erklärung.

»Sie ziehen uns für den Erdkampf zusammen, Briel. Er dürfte nicht mehr lange auf sich warten lassen.«

Ich dachte an den letzten Wehrmachtbericht.

Er hatte Kämpfe im slowakischen Erzgebirge gemeldet, in Schlesien nördlich Zobten, südlich Goldberg, bei Lauban, Breslau und Glogau, in Westpreußen zwischen Neu-Stettin und Konitz. – Kämpfe in der Tucheler Heide, westlich der unteren Weichsel und an der ostpreußischen Südfront. – Im Westen verbissenes Ringen an der Roer, im Raum von Jülich, in der Eifel und beiderseits Saarburg.

Die Zange wurde zugedrückt.

Bomben auf München, Aschaffenburg, Linz und Orte am Bodensee. Feindliche Tiefflieger erlaubten sich den ›Spaß‹, einzelne Menschen zu jagen.

Nullkommafünf blieb freiwillig bei uns. Als Richtschütze.

Ich wußte, warum ...

Unser neuer Chef, ein Hauptmann der Flakartillerie, gab mir, als ich mich bei ihm gemeldet hatte, ›Genesungsurlaub‹ übers Wochenende. Nachher sollten wir zuerst bei Aufräumungsarbeiten eingesetzt werden.

Es gab noch vieles zu bergen. Tag um Tag holten sie Tote aus den Trümmern, und immer wieder detonierten Blindgänger und forderten verspätet ihre Opfer.

Ich verbrachte das Wochenende bei Mama.

Das Haus, in dem sie Zuflucht gefunden hatte, war auch während des letzten Angriffs stehengeblieben.

Wir mußten dankbar sein – trotz allem ...

Ausgerechnet am Montagnachmittag, in den letzten Stunden meines Urlaubs, heulten die Sirenen.

Alarm!

Mama und ich eilten in den Luftschutzkeller.

Neunzehn Menschen drängten sich zusammen: drei Männer, ein beinamputierter Soldat, ich, sechs Frauen und acht Kinder. Das jüngste zählte knapp sechs Jahre.

Die Tür war verschlossen, eine Petroleumlampe brannte.

Niemand sagte ein Wort, jeder horchte. Selbst die Kinder schwiegen. Sie hatten alte, wissende Gesichter. Der Soldat hielt ein kleines Mädchen auf seinem gesunden Bein und strich ihm fortwährend übers Haar. Eine junge Frau preßte die Hände gegen den Schoß ...

Dann hörten wir dumpfe Einschläge und hielten den Atem an. Auf einmal empfand ich eine grauenhafte Angst. Wenn das Haus über uns zusammenstürzte ...

Der Keller war nicht groß. Selbst wenn die Decke standhielt, mußte uns hier unten nach einiger Zeit die Luft ausgehen!

»Nein!« schrie die junge Frau plötzlich. »Nein – nein – nein!!« Sie sprang auf und stierte mit halbirren Augen um sich.

Der Luftschutzwart versuchte, sie auf ihren Platz zurückzudrücken. Sie stieß ihn weg.

»Nein! – Nein!!«

Die kleineren Kinder begannen zu weinen.

»Kellerkoller«, murmelte der Soldat.

Ich biß die Zähne zusammen und krallte die Finger in die Kiste, auf der ich saß.

Die junge Frau packte blitzschnell den schweren Vorschlaghammer, der an der Wand lehnte, und stürzte zur Tür. Mit voller Wucht schlug sie zu. Holz splitterte.

Zwei Männer sprangen dem Luftschutzwart bei. Sie entwanden der Frau den Hammer und schleppten sie mit Gewalt zurück. Die Verzweifelte sank zusammen. Sie schlug die Hände vors Gesicht und schluchzte.

»Ich bekomme ein Kind! Soll es hier unten – krepieren?!«

Mama nahm sich ihrer an. Sie redete ihr gut zu und strich ihr die wirren Haare aus der Stirn.

Das Schluchzen wurde leiser ...

»Na also!« sagte der Luftschutzwart.

Wir waren nicht ›dran‹. Die Einschläge kamen nicht näher, und dann heulten die Sirenen Entwarnung.

Was in den nächsten Wochen folgte, war ›grauer Alltag‹.

Der Volkssturm wurde aufgestellt. Die Männer – meist ältere Jahrgänge – mußten in den frühen Morgenstunden der Sonntage zu Waffenübungen antreten. In entscheidender Stunde sollte die Stadt bis zum letzten verteidigt werden.

»Wenn wir den Krieg verlieren, möchte ich nicht überleben!« sagte mir ein – Fünfzehnjähriger!

Immer wieder hörte ich von Verhaftungen von ›Drückebergern‹, ›Verbreitern und Verbreiterinnen von Feindpropaganda‹ und ›Deserteuren‹.

Das Standgericht fällte Todesurteile.

Das erste wurde an einem Landesschützen vollstreckt, der sich von seiner Einheit entfernt hatte, um sich zu seiner Familie durchzuschlagen, die im bereits von den Amerikanern besetzten Gebiet im Westen lebte; das zweite an einer Frau, die einem flüchtigen kriegsgefangenen Franzosen für einige Stunden Unterschlupf gewährte.

Zweimal ›Tod durch Erschießen‹.

Wasser und Brot waren knapp. Ausgebombte und Hilfstrupps wärmten sich an Feuern, die sie im Freien unterhielten.

In unserer neuen Batterie lief der ›normale Dienstbetrieb‹: Geschützexerzieren, Wachdienst, militärischer und politischer Unterricht. Dann Aufräumarbeiten, Anlegen von Schützenlöchern und Panzersperren, Schießübungen mit der Panzerfaust. Nullkommafünf ließ Gerngroß und mich mit Mathematik ungeschoren und verrichtete denselben Dienst wie wir.

Wir drei verständigten uns meist durch Blicke.

Die Männer der Partei hielten Reden: uns Soldaten und den Leuten in der Stadt, die sie über Lautsprecher erreichten ...

Der 16., 17. und 19. März brachten Angriffe schneller britischer Kampfverbände.

Brandbomben fielen aufs Krankenhaus, und die Frauenklinik wurde durch Minenvolltreffer bis auf die Grundmauern zerstört. Unsere Abwehr war nahezu machtlos. Die Feindverbände flogen zu hoch, und die Munition war knapp!

In einzelnen Luftschutzräumen brachen Epidemien aus. Es fehlte an Desinfektionsmitteln.

Trotzdem predigten die Parteiführer weiterhin Widerstand! Der Krieg offenbarte mir seinen ganzen Zynismus: Kirchen, Krankenhäuser, Wohnviertel und historische Bauten lagen in Trümmern, und – der Munitionsbetrieb, in dem Mama arbeitete, stand noch immer!

Immer größer wurde der Anteil der Frauen und Kinder an den Opfern.

Ich nahm mir vor, alles im Herzen zu bewahren.

Für später, falls ich überlebte.

Um es denen in die Ohren zu schreien, die den Krieg nur vom Hörensagen kennen würden.

Den Nachgeborenen.

21. März 1945.

Wir bekamen drei Stunden Mittagspause, da wir bis zur Erschöpfung bei Aufräumungsarbeiten mitgeholfen hatten.

Nullkommafünf besuchte einen Bekannten, Gerngroß blieb im Bunker unserer Batterie, um sich auszuruhen, ich besuchte Mama. Sie war schmal und blaß geworden und hustete stark, aber sie gab sich zuversichtlich.

»Wir werden auch das Letzte überstehen«, meinte sie.

»Hoffentlich, Mama!«

»Bestimmt, Gustav!«

Viel zu schnell verflog die Zeit, und wieder einmal hieß es Abschied nehmen.

Mama umarmte mich. »Gott schütze dich, mein Junge!«

Ich lief. Wenn ich rechtzeitig zum Dienst kommen wollte, mußte ich mich beeilen. Wir hatten uns verplaudert, und die Flakstellung lag gut zwei Kilometer von ›unserem‹ Haus entfernt . . .

Knapp zweihundert Meter vor unserer Batterie rammte eine Planierraupe gegen einen Schuttberg.

Wer konnte ahnen, daß ein Blindgänger unter den Trümmern lag? Der Blitz und der Knall trafen mich, als ich über Steinbrocken stieg, die mir den Weg versperrten.

Ich spürte einen Stich in der Schläfe und stürzte zu Boden.

Es war nur ein winziger Splitter, kaum eines Lautes, geschweige der Rede wert . . . aber er warf mich ins Dunkel . . .

15.

Kaum zu glauben, daß das schon achtundzwanzig Jahre her ist! Mir ist, als hätte ich eben noch den Stich in der Schläfe gespürt.

Aber nein! Wir schreiben Samstag, den 7. Oktober 1972.

Ich habe versucht, die Gedanken des Flakhelfers Briel nachzudenken. Manchmal ist es mir nicht ganz gelungen, das weiß ich; die Überlegungen des Vierundvierzigjährigen sind mit eingeflossen. Was tut's? Die Substanz ist erhalten geblieben.

Ich bin dankbar, daß ich damals davongekommen bin, auch wenn ich das Ziel, das ich mir gesteckt hatte, nicht erreichen konnte. Der Splitter war daran schuld.

Sie kurierten fast zwei Jahre an mir herum, dann dauerte es eine weitere Zeit, bis mein Gehirn wieder völlig funktionierte. Hinterher war es zu spät, als daß ich noch einmal die Bank eines Gymnasiums hätte drücken können.

Ich ging in die Lehre, wurde Arbeiter und bin zufrieden.

Auch Mama kam durch – samt ihrem Köfferchen.

Wir erlebten die amerikanische Besatzung und die Entstehung der ›beiden Deutschland‹.

Haberzettel wohnt in der DDR. Er ist Portier in einem Volkseigenen Betrieb. Zu Weihnachten und Ostern tauschen wir Kartengrüße.

Papa ist nicht wiedergekommen. Bis zu ihrem Tod vor drei Jahren hoffte Mama auf seine Rückkehr. Ich selbst habe die Hoffnung aufgegeben.

Der Gauleiter, der Kreisleiter und der Bannführer sind im Endkampf um die Stadt gefallen.

Thumsers Mutter blieb verschollen.

Otto Thumser ist Arzt geworden. Auf ihn hoffe ich jetzt – Engelberts wegen.

Walter Müller tauchte nach dem Einmarsch der Amerikaner wieder auf. Es war ihm gelungen, sich während der letzten Wochen des Krieges verborgen zu halten. Jetzt lehrt er an dem Gymnasium, das wir besuchten, Deutsch und Geschichte. Wir sprechen oft von Nullkommafünf.

Er war ein guter Mensch. Gerngroß verdankt ihm das Leben. Als die Amerikaner am 15. April 1945 in die Nähe unserer Stadt vorstießen, brachte Nullkommafünf den Kleinen durch die eigenen Linien, wie er es versprochen hatte. Dann winkte er einem amerikanischen Panzerspähwagen, doch die Besatzung mochte an eine Falle glauben. Eine Maschinengewehrgarbe streckte Nullkommafünf nieder. Gerngroß blieb am Leben, die Amerikaner ließen ihn laufen.

Heute betet Gerngroß für seinen Lebensretter, für die Opfer von damals und daß der Friede erhalten bleiben möge. Er ist Mönch geworden.

In einem kleinen Dorf in Oberbayern lebt Nero von seinem Ruhegehalt. An seine Vergangenheit erinnert er sich nicht. Aus der Öffentlichkeit hat er sich so gut wie völlig zurückgezogen, nachdem er aus dem Internierungslager entlassen worden war.

Wie ihm ums Herz ist? Ich bin kein Hellseher ...

Der Morgen dämmert durchs Fenster.

Draußen liegt die Stadt. Ihre Bürger haben in jahrelanger Arbeit wieder aufgebaut, was der Krieg in wenigen Stunden vernichtete. Nur da und dort versteckt sich noch eine Ruine, als ob sie sich schämte . . .

Marianne klappert in der Küche mit Geschirr.

Ich werde ungeduldig, denn jetzt hilft keine Erinnerung mehr. Ich bin mit dem Damals zu Ende gekommen.

Da pfeift der Wasserkessel.

Nun wird es nicht mehr lange dauern, bis meine Frau das Frühstück bringt.

Doch noch vor Marianne kommt Klaus.

Er ist völlig außer Atem.

»Papa! Mama!«

Klaus steht im Pyjama im Wohnzimmer und strahlt.

Marianne stürzt herein.

»Was ist, Klaus?«

Der Junge verheddert sich vor Eifer.

»Das Telefon, Papa – ihr habt's nicht gehört, weil der Kessel gepfiffen hat – und ich bin in dein Zimmer und hab abgehoben . . . Dr. Thumser hat angerufen – er hat gesagt, ich soll euch einen schönen Gruß bestellen, und ihr sollt ins Krankenhaus kommen – und du sollst ihm eine Pulle Kognak mitbringen, Papa, und – und für Engelbert einen großen Blumenstrauß, aber keine Pralinen, weil er noch nichts essen kann, – und in einigen Wochen wird er wieder ganz gesund sein, und das Auge ist auch in Ordnung!«

Ich sitze im Sessel und sehe Marianne an.

Sie nickt mir zu, ihr Gesicht ist ernst.

»Freut ihr euch denn gar nicht?« ruft Klaus.

Marianne streicht ihm übers Haar. »O doch, mein Junge, aber manchmal ist die Freude so groß, daß man eine ganze Weile braucht, um lächeln zu können.«

Klaus sieht Marianne an, dann mich.

»Die ganze Weile ist um!«

Wir können wieder lachen, befreit und herzlich.

»Jetzt kann ich es ja gestehen«, meint Marianne, »ich habe Schlimmes geträumt.«

Ich ziehe Klaus auf meinen Schoß. »Ich auch, Marianne. – Möge es nie wieder Wirklichkeit werden!«

Wort- und Sachverzeichnis

Bau: Soldatenausdruck für ›Arrest‹. (In den Bau fliegen = eingesperrt werden.)

EK: Eisernes Kreuz; Tapferkeitsauszeichnung. Die niedrigste Stufe war das EK II, dann folgte das EK I. Eine der höchsten Auszeichnungen des 2. Weltkriegs war das Ritterkreuz. Eine Zwischenstufe zwischen EK I und Ritterkreuz bildete das Deutsche Kreuz in Gold. Für ›zivile Verdienste‹ wurde das Kriegsverdienstkreuz verliehen.

Fahrkarte: Soldatenausdruck für »Fehlschuß«. (Eine Fahrkarte schießen = danebenschießen.)

Flak: Abkürzung für ›Fliegerabwehrkanone‹, auch Sammelbezeichnung für ›Flakartillerie‹. Die ›leichte Flak‹ verfügte über Geschütze mit hoher Feuerfolge. So gab die 2-cm-Flak 200–360 Schuß jede Minute ab, die 3,7-cm-Flak 150–250 Schuß. Gegen hochfliegende Maschinen wurde die ›schwere Flak‹ eingesetzt: Kanonen vom Kaliber 7,5 cm, 8,8 cm (Hauptgeschütz), 10,5 cm, 12,8 cm und in seltenen Fällen 15 cm. Zur Ermittlung der Entfernung verwendete man in Deutschland den Raumbild-Entfernungsmesser. Das Kommandogerät berechnete den Treffpunkt durch Verarbeitung der Meßpunktwerte und der Werte für die Zielbewegung in die Kommandowerte Rohrerhöhung, Treffseite, Zünderlaufzeit). Die ermittelten Schußwerte wurden telefonisch oder elektrisch durch Übertragungsgeräte an die Geschütze weitergegeben. Die Scheinwerfer dienten zur Anleuchtung der Ziele bei Nacht. Das Auffinden der Ziele erfolgte durch Horchgeräte. Diese wurden mehr und mehr durch Funkmeßgeräte ersetzt.

Hitler Adolf: geb. am 20. April 1889 in Braunau am Inn als Sohn eines österreichischen Zollbeamten; nahm als Freiwilliger in einem bayerischen Infanterieregiment am 1. Weltkrieg teil und wurde schwer verwundet. Im Lazarett beschloß er, ›Politiker zu werden‹. Nach dem Krieg trat er in die neugegründete ›Deutsche Arbeiterpartei‹ ein, übernahm bald deren Führung und benannte sie in ›Nationalsozialistische Deutsche Arbeiterpartei‹ (NSDAP) um. Sein Kampf richtete sich gegen die Weimarer Regierung, die Linksparteien, den Vertrag von Versailles und die Juden. Am 8. November 1923 erklärte Hitler in einer Versammlung in München die Reichsregierung für abgesetzt und sich selbst zum Reichskanzler. Der Putsch wurde jedoch schon am 9. November niedergeschlagen, Hitler festgenommen und zu Haft in der Festung Landsberg am Lech verurteilt. Hier schrieb er sein Buch ›Mein Kampf‹.

Ende 1924 entlassen, scharte er seine Parteigänger von neuem um sich. Die Mitgliederzahl der NSDAP nahm vorerst nur langsam zu, bis die ›Weltwirtschaftskrise‹ von 1929 große Teile des Volkes in Not und Elend stürzte. Jetzt hofften viele auf den ›starken Mann‹, der Arbeit und Brot bringen würde. Aus rücksichtslos geführten Kämpfen ging Hitler als Sieger hervor. Schweren Herzens betraute ihn der greise Reichspräsident von Hindenburg mit der Regierungsbildung. Am 30. Januar 1933 wurde Hitler zum Reichskanzler ernannt. Planmäßig schaltete er seine Gegner aus, und nach dem Tode Hindenburgs am 2. August 1934 erklärte er sich zum alleinigen Staatsoberhaupt mit dem Titel ›Führer und Reichskanzler‹. Das sogenannte Ermächtigungsgesetz hatte ihm die Möglichkeit gegeben, seine Pläne ›auf legalem Wege‹ zu verwirklichen. Dem Verbot der anderen Parteien folgte die gnadenlose Verfolgung der Juden, Zigeuner und aller Gegner des Nationalsozialismus. Die Konzentrationslager füllten sich. Das gesamte öffentliche Leben wurde ›gleichgeschaltet‹, d. h. auf Hitler und den Nationalsozialismus ausgerichtet.

Geschickt nutzte Hitler die Unentschlossenheit der Westmächte aus. 1936 ließ er das entmilitarisierte Rheinland besetzen; 1938 gliederte er Österreich und das Sudetenland in das ›Großdeutsche Reich‹ ein; im Frühjahr 1939 besetzten deutsche Truppen die Tschechoslowakei; im September 1939 erfolgte der Angriff auf Polen. Jetzt erklärten Frankreich und England Deutschland den Krieg, der sich zum 2. Weltkrieg auswuchs. Nach raschen Anfangserfolgen gegen Polen, Frankreich, die englische Armee, die Balkanstaaten und Rußland brachte der Winter 1942/43 die Wende. In Stalingrad verblutete die 6. Armee. Der große Rückzug begann. Seit 1942 bombardierten britische und amerikanische

Flugzeuge deutsche Städte, gewannen die Luftüberlegenheit und beherrschten schließlich das gesamte Reichsgebiet. Im Juni 1944 landeten die Alliierten in Frankreich. Um zu retten, was noch zu retten war, versuchten entschlossene Männer, Hitler zu beseitigen. Doch das Attentat vom 20. Juli 1944 mißlang. Etwa 5000 ›Verschwörer‹ wurden vom ›Volksgerichtshof‹ verurteilt und hingerichtet.

Unaufhaltsam drangen die Alliierten vor. Hitler mobilisierte die letzten Reserven. Zu ihnen gehörten Flakhelfer und Volkssturm. Sie vermochten den Vormarsch der Gegner nicht aufzuhalten. Die Russen schlossen Berlin ein. Am 30. April 1945 setzte Hitler mit einem Pistolenschuß seinem Leben ein Ende. Am 8. Mai 1945 unterzeichnete die von Dönitz gebildete neue Regierung die bedingungslose Kapitulation des Deutschen Reiches.

HJ: ›Hitler-Jugend‹ (nationalsozialistische Staatsjugend). Am 17. Juni 1933 ernannte Reichskanzler Adolf Hitler den Reichsjugendführer der Nationalsozialistischen Deutschen Arbeiterpartei (NSDAP) Baldur von Schirach zum ›Jugendführer des Deutschen Reiches‹. Damit wurde die von Schirach geleitete Hitlerjugend (HJ) zur tragenden Jugendorganisation des neuen Staates bestimmt. Sie erfaßte im Lauf der Zeit alle Jungen und Mädchen zum Zweck der Erziehung im nationalsozialistischen Geist, zur körperlichen und geistigen Schulung. Die HJ gliederte sich (von oben nach unten) in Obergebiete, Gebiete, Oberbanne, Banne, Unterbanne, Gefolgschaften, Scharen und Kameradschaften, die von Obergebietsführern, Gebietsführern, Oberbannführern, Bannführern usw. militärisch straff geleitet wurden. Die jüngsten Mitglieder waren im ›Deutschen Jungvolk‹ zusammengefaßt. Angehörige des Deutschen Jungvolks hießen ›Pimpfe‹. Zum Jungvolk gehörten die 10- bis 14jährigen. Sie wurden nachher in die HJ übernommen. Die Organisation der Mädchen hieß BDM (Bund Deutscher Mädchen). Hitler verlangte von ›seiner Jugend‹ Treue und unbedingten Gehorsam, körperliche Härte und die Fähigkeit, Entbehrungen jeder Art zu ertragen, damit sie in Zukunft den Aufgaben gewachsen sei, die er ihr zugedacht hatte.

Horst-Wessel-Lied: Horst Wessel war ein nationalsozialistischer Student, 1907 geboren, seit 1926 Mitglied der

NSDAP und Führer eines SA-Sturmes in Berlin. Er verfaßte den Text des nach ihm benannten Liedes: »Die Fahne hoch, die Reihen fest geschlossen . . .« Es wurde nach der Machtergreifung Hitlers zur Nationalhymne erklärt. 1930 wurde Horst Wessel von einem Angehörigen des Rotfrontkämpferbundes ermordet. Hitler erhob ihn zum Märtyrer der NSDAP.

Kammerbulle: Soldatenausdruck für einen Unteroffizier (oder Obergefreiten), der die Kleider- oder Waffenkammer betreute.

Karabiner 98 k: deutsches Militärgewehr. (Im Gegensatz zum älteren ›Karabiner 98‹ hatte es einen verkürzten Lauf.)

Knobelbecher: Marschstiefel.

Krad: Kraftrad, Motorrad.

Landser: Soldat.

MG: Maschinengewehr.

NSDAP: Nationalsozialistische Deutsche Arbeiterpartei (Staatspartei im Hitlerreich; alle anderen Parteien waren verboten). In der NSDAP herrschte das ›Führerprinzip‹. Die Führer der einzelnen Parteiformationen wurden nicht gewählt, sondern von oben eingesetzt. Oberstes Gebot war der ›bedingungslose Gehorsam‹. An der Spitze der NSDAP stand ›der Führer‹ (Adolf Hitler); ihm untergeordnet waren: der Stellvertreter des Führers, die Reichsleiter, die Gauleiter, die Kreis- und die Ortsgruppenleiter, die Zellen- und Blockleiter. Zu ›Politischen Leitern‹ zählten weiter ›Schulungsleiter‹, ›Propagandaleiter‹, ›Gauredner‹, ›Kreisredner‹ usw. Ihre Ergänzung fand die NSDAP in den sogenannten ›Gliederungen der Partei‹: SA (Sturmabteilung), SS (Schutzstaffel), NSKK (Nationalsozialistisches Kraftfahrerkorps), NSFK (NS-Fliegerkorps), NS-Deutscher Studentenbund, NS-Dozentenbund, NS-Frauenschaft, HJ und BDM. Die der NSDAP ›angeschlossenen Verbände‹ umfaßten die Deutsche Arbeitsfront, die NS-Volkswohlfahrt, den Reichsbund der Deutschen Beamten, den NS-Rechtswahrerbund, den NS-Lehrerbund, den NS-Deutschen Ärztebund und den NS-Bund Deutscher Technik. – Seit 1934 wurden alle Ministerposten (mit einer Ausnahme) mit verdienten Parteigenossen der NSDAP besetzt. Die Länderparlamente wurden aufgelöst, an die Spitze der Länder traten ›Reichsstatthalter‹. Oft waren diese Reichsstatthalter gleichzeitig Gauleiter der NSDAP.

Oberschnäpser: Soldatenausdruck für ›Obergefreiter‹.

RAD: Reichsarbeitsdienst. Schon im Frühjahr 1931 waren von der Regierung Brüning Pläne zur Einführung der Arbeitsdienstpflicht ausgearbeitet worden, um die soziale Fürsorge zu entlasten. – Für den Nationalsozialismus bedeutete der vormilitärische Arbeitsdienst in erster Linie ein Erziehungsmittel. Die jungen Burschen und Mädchen wurden in einer straffen Organisation zusammengefaßt, die Jungen hauptsächlich bei Straßenbauten und Kultivierungsarbeiten eingesetzt, die Mädchen als landwirtschaftliche Hilfskräfte. Daneben liefen politischer Unterricht und organisierte Freizeitgestaltung.

Schießkladde: Liste, in die die Ergebnisse des Übungsschießens eingetragen werden.

Tausendjähriges Reich: nannte Hitler sein ›Drittes Reich‹, das ›alle Zeiten überdauern‹ sollte.

Totaler Krieg: unter Einsatz aller Mittel geführter Vernichtungskrieg. Kriegsdienst wird nicht nur mit der Waffe geleistet, sondern an jedem Ort der völlig auf die Kriegführung ausgerichteten Gesellschaft. Der Gegner wird zum ›absoluten Feind, der ausradiert werden muß‹.

Der Totenkopf an der Mütze: war das Kennzeichen der SS, ebenso wie der Reichsadler mit dem Hakenkreuz, den die Verbände der Waffen-SS am linken Ärmel trugen.

Uk.: Abk. für ›unabkömmlich‹. Uk. gestellt waren während des 2. Weltkriegs solche Personen, die in kriegswichtigen Stellen arbeiteten. Sie waren vom Wehrdienst befreit.

V 1, V 2: ›Vergeltungswaffen‹. Unbemannte Raketen, mit denen London (später auch Amsterdam) bombardiert wurde.

Verwundetenabzeichen: Ansteckabzeichen in verschiedenen Stufen (Schwarz – Silber – Gold) zur Kennzeichnung von Häufigkeit und Schwere erlittener Kriegsverletzungen. Das Verwundetenabzeichen in Schwarz wurde für ein- und zweimalige leichtere Verletzung verliehen, das in Silber für dreimalige leichtere Verwundung oder einmalige schwere, das in Gold für schwerste Verletzungen.

Viermotbomber: viermotoriges Kampfflugzeug.